NEJ

A NEW APPROACH TO
ELEMENTARY
JAPANESE

テーマで学ぶ基礎日本語
指導参考書

西口光一 〔著〕　NISHIGUCHI KOICHI

Kurosio Publishers

はじめに

　この本は、基礎日本語教科書『NEJ: A New Approach to Elementary Japanese ―テーマで学ぶ基礎日本語― 』(NEJと略称します)を活用して日本語指導をしようとしている人のための指導参考書です。

　NEJはこれまでの日本語教科書とは大きく異なる教科書です。書名で「初級日本語」ではなく「基礎日本語」という言葉を使っているのもその表れです。また、「テーマで学ぶ」というのはこれまでの初級(基礎)日本語教育にはなかった考え方です。簡単に言うと、**「テーマを中心とした言語活動・学習活動をしながら、基礎的な日本語力を着実に身につける」**というのがNEJを活用した基礎日本語教育のコンセプトです。そして、より具体的には、従来の初級日本語教育の直接法による文型・文法積み上げ方式に対して、**自己表現活動中心のマスターテクスト・アプローチ**という新しい教育方法を提案しています。また、本書には、NEJのvol.1とvol.2の音声CD、イラスト集(イラストデータが入ったCD-R)が付属されています。こちらも積極的に活用して授業に役立ててください。

　本書を参考にしていただき、NEJを活用して、学習者も指導者も楽しく充実した日本語の学習と教育が広く実現されることを願っています。

CONTENTS

■ NEJ［vol.1］［vol.2］の構成 ..... 3　■ NEJ［vol.1］の教育内容の概要 ..... 4　■ NEJ［vol.2］の教育内容の概要 6

第1章　NEJの特長　8
1. 自己表現活動中心のカリキュラム　8
2. マスターテクスト・アプローチ　9
3. 日本語習得につながる活動を支援する指導者　11
4. 学習のための補助　11
5. 各セクションの活動について　16
6. 文法事項について　17
7. 表記法について　18
8. Supplementary Unit で扱っている文型、文法事項について　18

第2章　ユニットの学習指導法　20
1. ユニット学習に入る前に　20
2. ユニットの学習指導法　22
3. その他の学習指導について　34

第3章　カリキュラム・プラン　36
1. 基礎日本語教育のカリキュラム　36
2. 既習者を対象としたカリキュラム　37
3. 時間が限られている個人指導の場合　38
4. 漢字系学習者と非漢字系学習者　39

コラム① 自己表現活動について　19
コラム② 書き方の練習について　21
コラム③ 口頭練習のときに学習者はなぜ教科書を見るのか　25
コラム④ 漢字系学習者と非漢字系学習者　40
コラム⑤ 日本語の発音方法の顕著な特徴・発音練習の指導について　45
コラム⑥ ています-動詞について　51
コラム⑦ 活用や文の変換から間テクスト性へ　53
コラム⑧ 非漢字系学習者の漢字学習の困難について　60

第4章　各ユニットの内容と指導法　41
1. 第1期：助走期（Unit 1〜Unit 7）　42
2. 第2期：離陸期（Unit 8〜Unit 12）　52
3. 第3期：拡張期（Unit 13〜Unit 18）　60
4. 第4期：発展期（Unit 19〜Unit 24）　69
5. 第5期：中級への橋渡し（Supplementary Unit）　75

第5章　日本語学習指導一般について　81
1. 教師の秘技（アート）から日本語教育のテクノロジーへ　81
2. 朗唱練習の重要性　81
3. 言語事項の学習から言葉遣いの学習へ　82
4. 対話原理　82
■ 本の紹介　84

第6章　[補足]追加的なマスターテクストの作成について　85

資料1　The Gist of Japanese Grammar の日本語訳　88

資料2　学習漢字リスト　106

資料3　イラスト索引（付属イラスト集（CD-R）対応）　108
■ イラスト一覧　110
■ ユニット別リスト　120
■ 文型別リスト　127
■ 品詞別リスト　134
■ カテゴリー別リスト　140
■ 五十音順リスト　143

資料4　「好きな言葉」記入例と用紙　150

NEJ [vol.1] [vol.2] の構成

vol. 1

本冊

- ☐ The Characters Appearing in the Textbook
- ☐ A Brief Introduction to the Japanese Language
- ■ Classroom and Daily Expressions

■ Unit 1 〜 Unit 6
- Section 1 Personal Narratives ［マスターテクスト］
- Section 2 Questions and Answers
- Section 3 Useful Expressions
- ○ The Gist of Japanese Grammar
- ○ Essay Writing
- Section 4 Pronunciation Practice
- Section 5 Review

■ Unit 7
- Section 1 Conversations ［マスターテクスト］
- Section 2 Useful Expressions
- ○ The Gist of Japanese Grammar
- ○ Essay Writing

■ Unit 8 〜 Unit 12

▶ Unit 8, Unit 10 and Unit 11
- Section 1 Personal Narratives ［マスターテクスト］
- Section 2 Useful Expressions
- ○ The Gist of Japanese Grammar
- ○ Essay Writing
- Section 3 Additional Practice
- Section 4 Verb Inflection

▶ Unit 9 and Unit 12
- Section 1 Personal Narratives ［マスターテクスト］
- Section 2 Useful Expressions
- ○ The Gist of Japanese Grammar
- ○ Essay Writing
- Section 3 Verb Inflection

■ Appendix　Table1, Table2：Japanese syllables (written in the alphabet, hiragana and katakana)
　　　　　　　日本語の音節（ローマ字、ひらがな、カタカナ）
　　　　　　Table3〜Table7：Adjective and verb inflections
　　　　　　　形容詞と動詞の活用表

別冊

- ■ Hiragana Writing Practice Sheets
- ■ Katakana Writing Practice Sheets
- ■ Writing Practice Sheets（※ Unit 1 から Unit 12 までの書き方練習シート）
- ■ Grammar Practice Sheets（※ Unit 1 から Unit 12 までの文法練習シート）

vol. 2

本冊

■ Unit 13 〜 Unit 24
- Section 1 Personal Narratives ［マスターテクスト］
- Section 2 Summary of the Main Grammar Points
- ○ The Gist of Japanese Grammar
- ○ Essay Writing

■ Supplementary Unit
- Section 1 Personal Narratives ［マスターテクスト］
- Section 2 Summary of the Main Grammar Points
- ○ The Gist of Japanese Grammar

■ Appendix　Table1〜Table5：Adjective and verb inflections
　　　　　　　形容詞と動詞の活用表

別冊

- ■ Writing Practice Sheets（※ Unit 13 から Unit 24 までの書き方練習シート）
- ■ Grammar Practice Sheets（※ Unit 13 から Unit 24 までの文法練習シート）

■ ＮＥＪ[vol.1]の教育内容の概要

注１：文型・文法事項の中で△は Additional Practice の事項。
注２：◇は活用形と活用表、※は留意点を示す。

	タイトル	テーマ	トピック	語彙・表現	文型・文法事項	その他の文法事項と留意点	
Unit 1	Introducing Myself 自己紹介	自己紹介をする	名前、出身(国)、所属、身分	身分、所属、国、数字(100まで)	・〜は、〜です	・質疑応答で「学生ですか」「何年生ですか」「学部は？」「どこから来ましたか」「何さいですか」 ※「〜から来ました」のみ動詞表現。	ひらがな・カタカナ
Unit 2	Introducing My Family 家族の紹介	家族を紹介する	家族、仕事、学校、年齢	家族、仕事、各種の学校、外国語、助数詞(人、さい)	・〜は、〜です ・親族呼称 ・人の数え方	・質疑応答で「何人ですか」「何をしていますか」「兄弟はいますか」	
Unit 3	My Favorite Things 好きな物・好きなこと	好きな物、好きなことを言う 好きな食べ物、スポーツ、音楽などを言う	朝ごはん、食べ物、飲み物、スポーツ、音楽	食べ物、飲み物、スポーツ、音楽、動詞(「食べる」、「飲む」など)、余暇の活動、頻度、同伴、数字、円、年、〜のとき	・〜は、〜が好きです／(あまり)好きではありません ・〜ます(嗜好や趣味に関わる動詞表現のみ)	・助詞(も、や) ・助詞的表現(といっしょに) ・質疑応答で「何を」「どんな〜」「どうですか」「何が」「いつ」	日本語の音声
Unit 4	My Everyday Life わたしの一日	毎日の生活について話す	日常生活、朝・夜のこと、自宅で、学校で、仕事のあと	一日の時間帯、食事、日常生活の動詞、場所、活動、交通手段、食事、〜の後、〇時〇分	・動詞文①(〜ます)	・各種の格助詞(を、に、で、から、まで) ・助詞(か) ・質疑応答で「何時に」「何で」「どこで」「どのくらい」	
Unit 5	Friday Night 金曜日の夜	金曜日の夜の過ごし方について話す	料理、外食、友人との食事、デート(食事)	時と時間に関する表現(「〜曜日」「先週」「今週」など)、外食関係の表現、食べ物、料理、食べ物屋、同伴者	・動詞文②(〜ます/ました) ・形容詞①(「〜い」「〜な」の形と現在と過去)	・質疑応答で「だれといっしょに」「ほかに何を」 ※動詞文(〜ます)と名詞文(〜です)の現在・過去・肯定・否定の形を確認する。 ※「あります」「います」はここでは主要な学習事項とはしない。	入門漢字（５０字）
Unit 6	Going Out 外出	友人や家族などとのお出かけについて話す	買い物、衣服、映画、デート(映画)	外出、衣料品、装飾品、日用雑貨、体の状態、「知っています」「知りません」など、位置詞(「中」「前」「横」など)	・〜があります、〜がいます ・〜がありました、〜がいました ・形容詞②(現在・過去・肯定・否定・接続の形)	・格助詞(を＜離脱＞) ・「〜(し)に行きます」(目的をもった移動) ・質疑応答で「どうでしたか」	

タイトル	テーマ	トピック	語彙・表現	文型・文法事項	その他の文法事項と留意点	
Unit 7 **Invitations and Offers** 誘う・すすめる・申し出る	人に物をすすめる 軽く誘う 誘う 積極的に誘う 申し出る	パーティーで、マレーシアのこと、紅茶、コーヒー	「どうして」と「なぜ」、「聞こえます」と「見えます」、〜から、ここ(指示詞)、いつ、〜し	・「〜ます」の各種の形を使った表現 〜ますか(すすめる)、〜ませんか(誘う)、〜ましょうか(軽く誘う)、〜ましょう(積極的に誘う)、〜ましょうか(申し出る) ・〜より〜の方が…(比較)	・指示詞(こ・そ・あ・ど)	入門漢字（50字）
Unit 8 **My Family** わたしの家族	家族について話す	職業、性格、能力、特技、専攻、好きなこと	何をしているか、容姿や性格、能力や特技	・ています-動詞(「会社を経営しています」など) ・形容詞③(容姿や性格) △〜ています (「テレビを見ています」など)	◇動詞の種類とて-形 ※Additional Practice (1)の動詞のみ。「会社を経営しています」などの表現は、ています-動詞として教える。	基礎漢字（80字・累計130字）
Unit 9 **What I Want to Do** わたしのしたいこと	希望や望みを言う 何かをしたことがあるかどうか言う	行きたい場所、旅行、季節、登山、日本の文化、ほしい物	季節、気候、季節の楽しみ、〜休み・お正月・クリスマスなど 日本の文化、ポップカルチャー(マンガ、アニメ、相撲、カラオケ)	・〜たことがあります/〜たことがありません ・〜たいです/〜たいと思っています	◇た-形 ※本ユニットで学習する動詞のみ	
Unit 10 **Rules and Directions** きまり	指示や注意を与える するべきこととしてはいけないことを伝える 何かすることを頼む	山登りの注意、服装・持ち物の指示、禁止事項、授業のルール、態度	「着ます」「ぬぎます」「はきます」などの表現、連絡とコミュニケーションに関する表現	・〜てください ・〜てもいいです/〜てはいけません △〜てください (「電気をつけてください」など)	◇て-形のいろいろな使い方	
Unit 11 **Busy Days and Hard Work** いそがしい毎日とたいへんな仕事	義務や仕事を言う してはいけないことを言う	日常の雑事、一人暮らし、登録(授業登録)、先生の仕事	家事、手続き関係、先生の仕事	・〜なければなりません △〜ないでください (「授業は休まないでください」など)	◇ない-形	
Unit 12 **Things to Notice** 気をつけること	望ましい行為を言う	いろいろな用事、忙しい日常、体調管理、日本の気象/気候(冬)、台風	冬に関すること、台風に関すること、気象に関すること、強弱	・〜たほうがいいです/〜たほうがいいと思います ・〜たり〜たりします	◇た-形	

■ NEJ[vol.2]の教育内容の概要

注1：◇は活用形を示す。

	タイトル	テーマ	トピック	語彙・表現	文型・文法事項	その他の文法事項	
Unit 13	My Daily Life 毎日の生活	毎日の生活について順序立てて話す	日常生活、放課後、帰宅後、夜のこと	日常生活に関する語彙・表現	・〜たら ・〜てから ・〜とき ・〜ながら	◇て-形 ◇た-形 ◇ます-形 ・〜て ・〜だけ	基礎漢字（170字・累計300字）
Unit 14	My Recreation わたしの楽しみ	趣味、好きなことについて話す	読書、スポーツ、マンガ、音楽、映画、アニメ、山登り、写真	プライベートな時間の過ごし方に関する語彙・表現（e.g. スポーツ、音楽）	・〜(する)こと／〜(する)の	◇辞書形 ・それで	
Unit 15	My Future わたしの将来	将来の希望、やりたいことについて話す	将来のこと、進学、就職、大学院、研究、仕事、結婚、家事・育児	将来に関する語彙・表現（e.g. 専門、進学、就職）	・〜つもりです ・〜と思います ・〜だろうと思います／〜んじゃないかと思います／〜かもしれません／〜かどうか（まだ）わかりません／〜か〜か、（まだ）決めていません	◇辞書形（普通形） ◇ない-形（普通形） ・名詞修飾節 ・〜がほしいです ・〜までに ・〜でもいいです ・〜たら ・〜ている間 ・〜後 ・まだ〜ていません ・〜(し)なくてもいいです ・〜(し)ないで、〜	
Unit 16	Abilities and Special Talents できること・できないこと	自分のできることや、食べられるものについて話す	話せる言語、読める言語、書ける言語、好み、料理、食べられるもの、作れる料理	能力と特技に関する語彙・表現（e.g. 外国語、料理）	・可能表現	・形容詞＋と思います ・〜方 ・〜(する)前 ・〜ので ・〜(する)ようになりました ・だから／ですから ・何でも ・自分で	
Unit 17	Gifts プレゼント	あげたり、もらったりしたプレゼントについて話す	誕生日、クリスマス、プレゼント、おこづかい、もらってうれしかったもの	プレゼントになる物の語彙・表現（e.g. お祝いやイベントなどで贈る物）	・授受表現 あげる、もらう、くれる	・どれも	
Unit 18	Support, Assistance, and Kindness 親切・手助け	親切にされたり、助けられたりしたことについて話す	家族や友人の手伝い、見送り、助けてもらったこと、親切にされたこと、教えてもらったこと、留学、海外出張	さまざまな親切に関する語彙・表現（e.g. 留学や出張などの準備、手助け）	・動詞＋授受の表現①〜てもらう、〜てくれる	・〜(する)ために	

	タイトル	テーマ	トピック	語彙・表現	文型・文法事項	その他の文法事項	
Unit 19	Visits 訪問	人から聞いた話や、自分が見たものについて話す	出張、知らない場所の情報、お見舞い、訪問、	さまざまな親切に関する語彙・表現（e.g.訪問先の様子、看病、手助け）	・動詞＋授受の表現② 〜てあげる ・〜そうです（伝聞） ・〜そうです（様態）	〜で（原因・理由） 「…」と言いました 〜てみる 〜という□	基礎漢字（170字・累計300字）
Unit 20	Praises, Scoldings, and Requests I Got from Someone Else ほめられたこと・しかられたこと	ほめられたり、しかられたりした経験について話す	ほめられたこと、しかられたこと、頼まれたこと、しつけ、依頼、子どもの頃のこと、昔のこと	ほめられる・しかられる内容に関する語彙、頼まれる・誘われることに関する語彙・表現	・受身表現A（他者からの褒めや叱りや言語的な働きかけなどを受ける） ・〜ように言われました	〜ばかり	
Unit 21	Making or Allowing しつけ（1）	兄弟に対する厳しいしつけや、自分に対するしつけへの反抗について話す	しつけ、兄弟の話、させられたこと、させてもらえなかったこと、嫌いな食べ物、親が兄弟にさせたこと・させなかったこと、親が自分にさせようとしたが抵抗したこと	親が子どもに強要・許容することに関する語彙・表現（e.g.食事、学校の勉強、遊び、進学）	・使役表現 ・〜（さ）せてくれました ・〜（さ）せようとしました ・〜てほしい	何も	
Unit 22	Someone Forces/ Allows Me しつけ（2）	学校で受けた指導や、子どもの頃に親から受けたしつけについて話す	指導、しつけ、勉強、させられたこと、できるようになったこと	子どもが親に強要されることに関する語彙・表現（e.g.学校の勉強、家庭学習、食事）	・使役受身表現 ・〜なりました（状態・能力・習慣の変化）	〜のおかげで	
Unit 23	Miserable Experiences ひどい経験	大変な思いをした経験について話す	ひどい経験、残念だったこと、がっかりしたこと、疲れたこと	ひどい経験に関する語彙・表現（e.g.災い、被害、旅行でのアクシデント、不運なこと）	・受身表現B（他者からの物理的な行為を受ける） ・〜てしまう ・〜（する）と①（時）	〜ようです 〜（する）ことになりました すると そこ	
Unit 24	Geography, Linguistics, and Climate 言語・地理・気候	自分の国のことについて話す	言語の成り立ち、言語の使用状況、地理、気候	地理・気候・言語的状況に関する語彙・表現	・受身表現C（物が主語の受身） ・〜（する）と②（条件）	〜が（〜で）一番〜 〜ても 〜しか（〜ません）	
Supplementary Unit	Towards the Future 新しい世界	新しい挑戦について話す、過去を振り返りながら話す	サークルの勧誘、山登り、中学・高校の勉強、大学の勉強、大学生活での経験	山登り、勉強の仕方、大学生としての経験についての語彙・表現	・〜（れ）ば ・疑問詞（＋助詞）＋〜（れ）ばいいか	〜てあります 〜ておきます 〜よ 〜すぎる 〜のですかor〜んです 〜なさい 〜ようと思います 〜ようとしても 〜わけではありません 〜始める、〜続ける	

第1章　NEJの特長

　NEJは、従来の基礎(初級)日本語教材とは大きく異なる特徴を持っています。NEJを有効に活用していただくために、本章ではNEJの特長を紹介します。従来の初級日本語教育の内容と方法を熟知している方は、まず始めに第5章を読んでから本章にもどってください。そのほうが、従来の教育方法との対比でNEJの特長がよく理解できます。

1　自己表現活動中心のカリキュラム

> (1) **自分のことについてあれこれ話せるようになること**を目標としてカリキュラムを作っています。
> (2) 各ユニットでは、自分のことについて話す**テーマ**を設定しています。
> (3) 設定された**テーマ**の下に**語彙**や**文型・文法事項**などを学びます。そして、それらを使いながら自分の話をします。そして、**一連のテーマの中で文型・文法事項を系統的に学習**します。

(1) 自己表現活動中心のカリキュラムとは

　これまでの初級日本語の教科書では、日本語の文型や文法事項(教育内容の概要(p.4-7)の「文型・文法事項」と「その他の文法事項」の欄にあるような事項)をそれぞれの課で勉強するという形で教科書が作られています。**そのような教科書を使った教育は、どうしても日本語の文法の教育**になってしまいます。そして、各課の勉強が終わったときには、その課の文型などを使って文を作ることができるようにはなりますが、新たに何かが話せるようにはなかなかなりません。

　人が言葉を使うときは、必ず何かについて話します。特に、まだ親しくなっていない人同士の間では、親しくなっていく過程で各々のことをあれこれ話して、やがて「友だち」になっていきます。NEJでは、そのような**「何かについて話す」ということを基礎日本語教育の柱**にしました。そのようなカリキュラムを、従来の文型・文法事項積み上げ方式のカリキュラムに対し、**自己表現活動中心のカリキュラム**と呼びます。

(2) 自分のことについて話すテーマ

　そのような方針に基づいて、NEJの各ユニットでは、**自分のことについて話すテーマ**を設定しています。自分のことについて話すテーマというのは、例えば「好きな物・好きなこと」、「一日の生活」、「週末の過ごし方」、「わたしの家族」、「日本での経験」などです。NEJで具体的に扱うテーマについては、教育内容の概要(p.4-7)の「テーマ」の欄をご覧ください。

　自分のことについて話すことについては、コラム1(p.19)で紹介しているヨーロッパ共通参照枠(CEFR)の能力記述でも取り上げられています。このように、いろいろなテーマについて順次話せるようになることは**外国語能力発達の経路**になるものです。NEJのカリキュラムはそのような経路をそのまま学習と学習指導の行程にしています。

(3) テーマと語彙及び文型・文法事項

　　NEJでは、単に各ユニットでテーマの表現方法を学ぶだけではありません。各ユニットでは、**設定されたテーマの下に初級の語彙や文型・文法事項などが学べる**ようになっています。そして、テーマを段階的に配列することにより、**文型・文法事項を系統的に学習する**ことができるようになっています。つまり、NEJは、「何かについて話せるようになること」と「語彙や文型・文法事項を体系的に学習すること」が両立するように編まれた教材だということです。

　　以上のような考え方で作られたのがNEJのカリキュラムです。カリキュラム全体については、教育内容の概要(p.4-7)をご覧ください。

2 マスターテクスト・アプローチ

---

(1) NEJの中では**3人の人物**が登場します。
(2) 各ユニットで、その登場人物が、ユニットのテーマについて自分の話をします。それを**マスターテクスト**(Section 1 の Personal Naratives)と呼びます。
(3) 学習者は、**マスターテクストをモデルにして自分の話を**します。

---

(1) 3人の登場人物

　　NEJでは、**留学生のりさん、日本人大学生のあきおさん、日本語の先生の西山先生という3人の人物**が登場します。各人物のプロフィールは以下の通りです。

▶ **登場人物のプロフィール**

りさん： 大京大学で勉強しているマレーシアの学生。4月に日本に来た。工学部の学生。家族はマレーシアに住んでいる。お兄さん、お姉さん、弟、妹の4人の兄弟がいる。自立心の強い女性で、よく勉強するが、それで時々疲れてしまう。

あきおさん： 大京大学の学生。工学部の4年生。山登りが好きで、大学の登山部の部長。いつも明るくて親切。

西山先生： 大京大学の日本語の先生。日本語を教えるのが好き。結婚していて、子どもが2人いる。奥さんも大学の先生で、日本研究が専門。

▶ **その他の登場人物(各々、1回だけ登場する)**

山川あさこさん： あきおさんのおかあさん。高校の英語の先生。花が好きで、庭でいろいろな花を育てている。親切で明るい人。Unit 2 で登場。

中田さん： 大京大学の学生。外国語学部の2年生で、マレーシア語が専門。今年の夏にマレーシアに行く予定。Unit 7 で登場。

NEJは一般成人を対象とした教科書ですが、誰にでも親しみやすくわかりやすいという観点からこのような登場人物を選びました。学習者は、これらの登場人物たちの話をきっかけとして、それと対比して自己表現活動中心の学習を進めることができます。

(2) マスターテクスト

NEJの各ユニットでは、ユニットのテーマについて登場人物たちが自分の話をします。**Section 1のPersonal Narratives**がそれで、**これをマスターテクストと呼びます**。Personal Narrativesは、教科書の向こう側にいる登場人物がこちら側にいる学習者に話しかけるという形になっています。こちら側にいる学習者はPersonal Narrativesの直接的な聞き手になるわけです。

Personal Narrativesでの登場人物たちの話し方は、**基礎段階の学習者がまねるのにふさわしい丁寧な言葉遣い**になっています。そして、Personal Narrativesには、**学習者がそのユニットのテーマについて話すためにほぼ十分な語彙と文型・文法事項**が含まれています。学習者は、**リさん、あきおさん、西山先生の話を理解しつつ、かれらの事情と対照しながら自分のことも日本語で知っていくという学習行程**を歩むことになります。

(3) マスターテクストをモデルにして自分の話を

マスターテクストを学習することで学習者は、**どのようなことができるようになることが期待されているか(ユニットの教育目標)**を知り、それが**どのような仕方でできるか(言語表現)**を知ることができます。端的にいうと、**マスターテクストをモデルにしてまねる**ことで学習者は容易に当該のテーマについて自分の話をすることができるようになります。また、マスターテクストに習熟していれば、クラスメイトの話も容易に理解することができます。このように**マスターテクストは日本語習得の中核となるテクスト**です。そして、マスターテクストを中核とした日本語の学習と学習指導を**マスターテクスト・アプローチ**と呼んでいます。そのようなわけで、NEJは、**自己表現活動中心のマスターテクスト・アプローチによる基礎日本語教材**となります。

3 日本語習得につながる活動を支援する指導者

> 指導者は、「日本語を教える人」ではなく、**日本語習得につながる活動を支援し、その中で学習者を介助する人**となります。

　次節で説明するように、マスターテクストにはさまざまな注釈などにより理解のための便宜が十分に施されていますので、学習者にテクストを理解させる役割は基本的に教科書に譲ることができます。指導者はそのような役割から解放されて、次章で説明するようなさまざまな方法で**日本語習得につながる活動に学習者が従事することを支援**することに集中できるようになります。そして、指導者は言語活動の現場にいる共活動者として、**学習者の言語活動を観察して必要に応じて介助する**(適正な表現方法を教える、誤用を修正して正しい言い方を提供する、など)という言語習得を促進するための重要な役割を果たすことができます。

4 学習のための補助

　NEJでは、学習と学習指導の便宜のために編集上のさまざまな工夫をしています。

(1) 各種の注釈やルビなど
　NEJでは、各種の注釈やルビなどの学習補助情報をマスターテクストの該当箇所に書き込んでいます。簡潔な文法注釈を入れていることもあります。詳細は、次頁の凡例を見てください。凡例のように学習補助情報を十分に提供していますので、学習者はそれらを活用してマスターテクストを十分に理解することができます。また、学習指導時に学習者が「この単語がわからない」、「この助詞がわからない」などと質問してきたら、それが説明されている注釈等を指し示して教えてください。

```
------- 各ユニットの学習補助情報 -------------------------------

   ■ Unit 1～2 → ルビ、ローマ字、英訳
   ■ Unit 3～4 → ルビ、ローマ字、文法注釈、語釈
   ■ Unit 5～7 → ルビ、語釈
   ■ Unit 8～Supplementary Unit → パラレルテキスト(左頁＝補助無し，右頁＝ルビ、語釈)
```

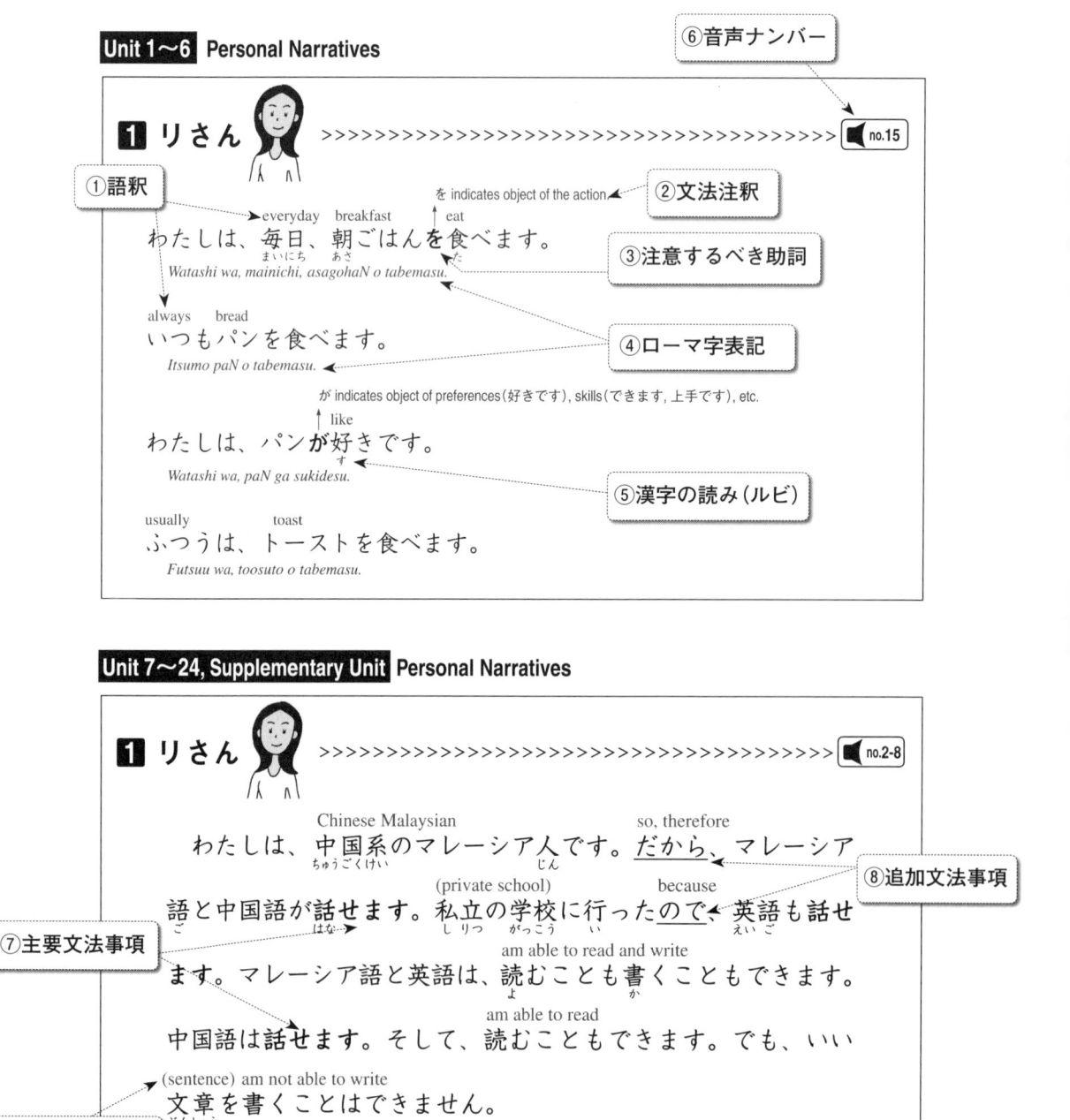

凡例

Unit 1〜6 Personal Narratives

⑥音声ナンバー

1 リさん >>>>>>>>>>>>>>>>>>>>>>>>>>>>>>> no.15

①語釈

②文法注釈 — を indicates object of the action

③注意するべき助詞

everyday　breakfast　↑eat
わたしは、毎日、朝ごはんを食べます。
　　　　まいにち　あさ　　　　　　た
　Watashi wa, mainichi, asagohaN o tabemasu.

always　bread
いつもパンを食べます。
　　　　　　　た
　Itsumo paN o tabemasu.

④ローマ字表記

が indicates object of preferences(好きです), skills(できます, 上手です), etc.

↑like
わたしは、パンが好きです。
　　　　　　　　す
　Watashi wa, paN ga sukidesu.

⑤漢字の読み（ルビ）

usually　　　toast
ふつうは、トーストを食べます。
　　　　　　　　　　　た
　Futsuu wa, toosuto o tabemasu.

Unit 7〜24, Supplementary Unit Personal Narratives

1 リさん >>>>>>>>>>>>>>>>>>>>>>>>>>>>>>> no.2-8

Chinese　Malaysian　　　　　　　　so, therefore
わたしは、中国系のマレーシア人です。だから、マレーシア
　　　　　ちゅうごくけい　　　　じん
　　　　　(private school)　　because
語と中国語が話せます。私立の学校に行ったので、英語も話せ
ご　　　　　　　　はな　　　しりつ　がっこう　い　　　　　えいご
　　　　　　　　　　　am able to read and write
ます。マレーシア語と英語は、読むことも書くこともできます。
　　　　　　　　　　　　　　　よ　　　　　か
　　　　　　　　am able to read
中国語は話せます。そして、読むこともできます。でも、いい

⑧追加文法事項

⑦主要文法事項

(sentence) am not able to write
文章を書くことはできません。
ぶんしょう　か

⑨学習事項でない語への注釈

graduate　　　　　　　　　　began
高校を卒業してから、日本語の勉強を始めました。わたし
こうこう　そつぎょう　　　　　　　　べんきょう　はじ

① 語釈
新出の語や表現には、語釈をつけています。既出の語でも、まだ習熟していないかもしれないものには、語釈をつけています。

② 文法注釈
注意するべき助詞や形容詞の活用語尾には注釈をつけています。

③ 注意するべき助詞
文法注釈がある助詞や形容詞の活用語尾はゴシック体にしています。

④ ローマ字表記
Unit 1 から Unit 4 ではマスターテクストのローマ字表記を入れています。本書ではヘボン式のローマ字表記を採用しています。ただし、「ん」は「N」とし、長音は母音2つを並べて表記しています。

例）日　本　語　先　生
　　に　ほ　ご　せ　せい
　　ni　hoN　go　seN　see

⑤ 漢字の読み（ルビ）
すべての漢字語について、1つのPersonal Narrativesで初出時にひらがなで読みを振っています。Useful Expressionsでも、各語彙グループで、同様に読みを振っています。ただし、Unit 7以降では、「日本」「日本人」「日本語」には読みを振っていません。

⑥ 音声ナンバー
音声はナンバーに従ってWEBサイトからダウンロードしてください。→http://www.nej.9640.jp

⑦ 主要文法事項
Unit 7以降では、ユニットの主要文法事項の部分は、太字にしています。

⑧ 追加文法事項
ユニット学習の主要目標とはしないが、重要で有用な文法事項を追加文法事項とし、マスターテクストでは下線で示しています。

⑨ 学習事項でない語への注釈
Personal Narrativesでは、一部学習事項でない語を使用しています。それらの語については、（　）で語釈をつけています。

(2) パラレルテキスト（Unit8〜Unit24, Supplementary Unit）

　Unit 8以降のマスターテクストでは、下のように全く同じテクストで右ページがルビや注釈などがあるもので、左ページがそれらがないものという形の**パラレルテキスト方式**にしました。このようにすることで、学習者は右ページをサブノート感覚でメモを書き込むために使うことができ、それを必要に応じて参照しながら左ページを使って学習を進めることができます。また、学習指導においても、始めは右ページを見てもよいこととし、学習が進むにつれて左ページを見るように指導するとよいでしょう。

1 リさん

わたしの家族は、7人です。父と母と兄と姉と弟と妹とわたしです。父も母も兄弟も、マレーシアに住んでいます。

父は、小さい会社を経営しています。ビジネスのコンサルタントです。日本の会社とよく仕事をしています。時々、仕事で日本に来ます。父は、とてもやさしいです。

弟と妹は、高校生です。同じ学校に行っています。弟は、外国語の勉強が好きです。英語と日本語とフランス語を勉強しています。妹は、数学と物理が好きです。よくパソコンで遊んでいます。弟も妹も、かわいいです。

(3) 教育内容が一目でわかる扉ページ

各ユニットの扉ページでは、項目に分けてそのユニットの教育内容を提示しています。vol.1とvol.2では若干異なりますので、各々の凡例を示して以下に説明します。

- **■テーマ**
  そのユニットのテーマです。

- **■Main Grammar Points**
  その課で勉強する主要文法事項です。Unit7からUnit24ではPersonal Narratives内で太字になっています。

- **■Useful Expressions**
  その課で勉強する言葉と関連語彙がまとめて出ています。

- **■Other Useful Expressions**
  Unit1からUnit6のみ。
  Section 2の会話で出てくる質問の仕方に関する重要で有用な表現です。

- **■Pronunciation Practice**
  Unit1からUnit6のみ。
  発音練習で取り上げる音声のポイントを提示しています。

- **■Additional Practice**
  Unit8とUnit10とUnit11のみ。
  マスターテクストに含まれている文法学習を補うための練習。

- **■Verb Inflection**
  Unit8～Unit12のみ。Unitで学習する動詞の形を表で示しています。

Theme
- ☐ Expressing likes and dislikes
- ☐ Expressing your favorite foods, sports, music, etc.

Main Grammar Points
- ☐ ～ wa, ～ ga sukidesu
  - ex. わたしは、フルーツが大好きです。(I love fruits.)
    わたしは、サッカーが好きです。(I like (to play) soccer.)

Useful Expressions
1. Foods（食べ物）
2. Drinks（飲み物）
3. Verbs for eating, drinking, etc.
4. Leisure time activities

Other Useful Expressions
1. 何を飲みますか。(What does she drink?)
2. どんな食べ物が好きですか。(What kind of food does she like?)
3. りんごやみかんは、どうですか。(What does she say about apples or tangerines?)
4. 何が好きですか。(What does he like?)
5. いつ音楽を聞きますか。(When does he listen to music?)

Pronunciation Practice
- ☐ double vowels and ん +vowel

Additional Practice (1)
- ☐ ～ています

Verb Inflection ①
- ☐ Types of verbs and て-form

Additional Grammar Points
- ☐ ～て〈～, and ～〉：図書館に行って、少し勉強します。
- ☐ ～だけ〈only ～〉：授業は、たいてい、午前中だけです。

- **■Additional Grammar Points**
  マスターテクストで出てくる追加文法事項です。取り立てて練習しなくても、通常のユニットの学習活動を通して習得できると考えられるもののみ、その他の文法事項として挙げています。

(4) 文法事項の要点解説

説明が必要な文法事項については、各ユニットのThe Gist of Japanese Grammar（以下、GJGと略す）で解説しました。GJGでは、それぞれの文法事項をできるだけ簡潔で明瞭に説明しました。GJGは、予習時等に学習者が文法事項を理解するための解説です。授業でGJGを扱う必要はありませんが、文法事項について質問があったときには、GJGの当該部を指し示すというふうに活用してください。

(5) 充実した付録、語彙リスト、索引

NEJの巻末には、充実した付録(Appendix)、語彙リスト(Vocabulary)、索引(Index)、文法索引(Grammar Index)が付いています。学習者も指導者もこれらを資料として学習事項を整理することができます。

(6) 別冊練習シート

NEJには、別冊練習シートが付属しています。別冊練習シートには、書き方練習シート(Writing Practice Sheets)と文法練習シート(Grammar Practice Sheets)があります。vol.1では、その他にひらがな練習シート(Hiragana Practice Sheets)とカタカナ練習シート(Katakana Practice Sheets)が含まれています。これらの練習シートを使って、ひらがなやカタカナや漢字の書き方の練習（なぞり書き練習）や、主要文法事項の練習や確認をすることができます。また、vol.2では、vol.1で学習した漢字を中心に漢字の復習ができるReview of the Basic Kanjiが掲載されています。

(7) 音声について

NEJのマスターテキストと発音練習の音声は、NEJのウェブサイト「NEJのひろば」（http://nej.9640.jp）の「sound files」からダウンロードすることができます。学習者には同ウェブサイトから音声ファイル(mp3)をダウンロードして、予習・復習時によく聞くように指示してください。

(8) 付属CD、CD-ROMについて

本書には、音声CD、NEJで使用しているすべてのイラストが収録されたイラストCD-ROMが付属しています。音声CDは授業用のCDとして活用してください。また、イラストCD-ROMに収録されたイラストを厚紙印刷用紙などに印刷して、絵カードとして使用してください。巻末の資料3（p.108）にはイラスト索引があります。イラスト索引には、イラスト一覧（イラスト番号付き）を掲載した上で、ユニット別リスト、文型別リスト、品詞別リスト、カテゴリー別リスト、五十音順リストを挙げています。いずれも適宜に活用してください。

5 各セクションの活動について

▶ **Personal Narratives**［マスターテクスト］：Section 1 (Unit1〜Unit6, Unit8〜Supplementary Unit)
　　　　　　　　　　　　　　　　　　　　　　　＊Unit7 は Conversations

ユニットのテーマについて登場人物たちが話す、学習の核となるテクスト、つまりマスターテクストです。マスターテクストには、そのユニットで学習する主要文法事項や追加文法事項がすべて織り込まれています。また、当該のテーマについて話すための語彙も大部分はマスターテクストで使用されています。ですから、マスターテクストを理解し、すらすら言えるようになれば、それでユニットの学習目標の半分以上は達成です。マスターテクストには理解を助けるための注釈が付いていますし、音声も提供されています。ですから、学習者が予習をきちんとして授業に来れば、取り立てて言語事項を導入する必要はないでしょう。すぐに、22ページ以降で説明するような各種の口頭練習に入ってください。

▶ **Questions & Answers**：Section 2 (Unit1〜Unit6)

Section 1のマスターテクストについての質疑応答練習のモデルです。本セクションを参考にして質疑応答練習をしてください。Unit 7以降は、Questions & Answersのセクションはありませんが、マスターテクストについて、同様の仕方で質疑応答練習をしてください。

▶ **Useful Expressions**：Section 3 (Unit1〜Unit6) ／ Section 2 (Unit7〜Unit12)

ユニットのテーマについての総合語彙表になっています。マスターテクストで出てきた語彙と、それ以外の重要語彙・関連語彙・表現がカテゴリー毎に提示されています。語彙を整理して学習するとき、及びエッセイを書くときに活用してください。

▶ **Pronunciation Practice**：Section 4 (Unit1〜Unit6)

日本語の発音方法の特質となっているポイントを取り上げて発音練習をします。単にくり返し練習をするのではなく、取り上げられているポイントの発音の仕方のコツを習得できるように指導してください。

▶ **Review**：Section 5 (Unit1〜Unit6)

ユニットの学習が順調に進捗している学習者のための復習教材です。マスターテクストと同じ内容が第三者の立場から語られたテクストになっています。漢字の読み方が身についているかどうかの確認練習や再度の朗唱練習などの材料として活用してください。

▶ **Additional Practice**：Section 3 (Unit8, Unit10, Unit11)

マスターテクストに含まれている文法学習を補うための補充練習です。各々の指示に従って練習してください。

▶ **Verb Inflection**：Section 4 (Unit8, Unit10, Unit11) ／ Section 3 (Unit9, Unit12)

そのユニットで学習する新しい動詞の形(て-形、た-形、ない-形、など)を中心として動詞の活用を整理しました。動詞に集中して単に活用形を示すのではなく、活用形を具体的な用法の中で提示しました。すでに学習したマスターテクストでの用法と照合しながら、その一方で活用形の派生関係を確認してください。必要に応じて巻末付録(Appendix)のTable 5からTable 7 (vol. 2では、Table 3からTable 5)も活用してください。

▶ **Summary of the Main Grammar Points**：Section 2（Unit13〜Unit24）

そのユニットの主要文法事項が使用されている、Section 1のマスターテクストの中の文をすべてリストアップしています。家庭学習では、各文の理解を確認してください。授業では、順に音読させた後に、質問-答えにより理解を確かめてください。

▶ **The Gist of Japanese Grammar**（Unit1〜Supplementary Unit）

説明が必要な文法事項等について、学習者に有益な知識に絞って簡潔に解説しています。GJG（The Gist of Japanese Grammarの略）で文法説明を受けることで、学習者は納得して安心して口頭練習などに集中することができます。GJGの日本語訳は、巻末の資料1（p.88）にあります。

▶ **Essay Writing**（Unit1〜Unit24）

ユニットの学習の帰着点となるのが、エッセイを書くことです。学習したマスターテクストをモデルにして、そこから語や表現法を「盗み取って」エッセイを書くように指導してください。
※Supplementary Unitでは、Essay Writingはありません。

6 文法事項について

▶ **Main Grammar Points**（Unit1〜Supplementary Unit）

各ユニットの扉ページでそのユニットで学習する主要文法事項（Main Grammar Points）を提示しています。主要文法事項は、文法の系統的学習の柱となるものですので、しっかり身につけなければなりません。しかしながら、それらの各々を取り立てて練習する必要はありません。主要文法事項はいずれもマスターテクストつまり登場人物によるユニットのテーマについての話の中で頻繁に使用されています。取り立てて練習するよりもむしろ、朗唱練習や質疑応答練習などの練習を通じてマスターテクストに習熟し、そこから主要文法事項を含む言葉遣いを「盗み取る」形で学習を進めてください。

▶ **Additional Grammar Points**（Unit13〜Supplementary Unit）

Unit13以降の各ユニットのマスターテクストでは、主要文法事項の他に、文法の系統的学習とは直接に関係しないその他の文法事項が使用されています。それが追加文法事項（Additional Grammar Points）です。追加文法事項は本文内の注釈などの説明により意味・用法がわかり、マスターテクストに習熟しさえすれば習得できる事項です。ですから、授業では追加文法事項には特に注目はしないで、もっぱら主要文法事項に注目した指導を行ってください。

▶ **The Gist of Japanese Grammar**（Unit1〜Supplementary Unit）

説明が必要な文法事項等については、The Gist of Japanese Grammar（以下、GJGと略す）で解説しています。GJGでは、それぞれの文法事項等をできるだけ簡潔で明瞭に説明しています。GJGは、予習時等に学習者が文法事項等を理解するための解説です。授業でGJGを扱う必要はありません。授業中に、GJGで扱っている文法事項等について質問があったときには、GJGの当該の箇所を指し示すというふうに活用してください。

7 表記法について

　NEJでは、新常用漢字の表記法を基本としています。しかしながら、学習の便宜を考えて、以下の語については、標準的な漢字表記ではなく、全部あるいは一部をひらがなとした表記としています。

☐ 『NEJ vol.1』で初出の言葉(五十音順)

　あける、あげる、あたたかい、＊あつい、あまい、いそがしい、いっしょに、いろいろな、うすい、おもしろい、かぶる、きのう、きれいな、きびしい、くつ、子ども、ごはん、〜ごはん、ころ/ごろ、〜さい、＊さむい、しめる、すずしい、ぜんぶ、そうじ、たいへんな、だめな、つかれる、手ぶくろ、ときどき(Unit5まで)、友だち、とる、ぬぐ、はく、ぼうし、まじめな、むずかしい、やさしい(易しい)、やさしい(優しい)、わたし

　※「(Unit〜まで)」とあるのは、そのユニットまでそのような開いた表記としたことを示す。
　※「＊」印の「あつい」「さむい」は、Unit9が初出でひらがな表記とし、Unit24が再出で漢字仮名交じりの表記とした。

☐ 『NEJ vol.2』で初出の言葉(五十音順)

　あてる、いっしょうけんめい、いやな、いろいろな、うめ、おかし、カ(蚊)、カタカナ、かたづける、きらいな、ころ、こわい、こわす、こわれる、さく、さくら、さす、しかる、すてきな、ぜんぜん、そまる、だいじょうぶな、ちがう、ちらかる、つつむ、なおる、ひく(弾く)、ひらがな、ほえる、ほかの、ほしい、ほめる、よくない、わりと

8 Supplementary Unitで扱っている文型、文法事項について

　NEJでは、基礎日本語の学習は、Unit 24でおおむね終了と考えています。Unit 24までの内容をしっかりと身につけた学習者は、十分な日本語の基礎力を身につけていると思います。しかしながら、日本語能力試験N4では、それ以外の文型、文法事項も扱っています。以下の15項目です。

➡ 1. 意志形とそれを使った表現
　　2. 命令形とそれを使った表現
➡ 3. 〜ことにする
➡ 4. 〜(れ)ば
　　5. 〜なら
➡ 6. 〜のだ、〜はずだ、〜わけだ
➡ 7. 〜てある、〜ておく
➡ 8. 〜し始める、〜し続ける、〜し終わる
➡ 9. 〜すぎる
　　10. 〜することろだ、〜しているところだ、〜したところだ
　　11. 〜がる
　　12. 何か、だれか、どこか
➡ 13. 疑問詞＋動詞＋か わかりません/知りません/聞きました、等
　　14. 〜はずだ
　　15. 敬語

8. Supplementary Unit で扱っている文型、文法事項について

そこで、NEJでは、中級段階への橋渡しとしてSupplementary Unit（→p.75参照）を用意し、➡印を学習事項として入れました。NEJでは、敬語や命令形などは、より進んだ段階で扱うべき事項だと考えています。

コラム 1 自己表現活動について

70年代からヨーロッパにおける外国語教育の推進に取り組んでいるヨーロッパ評議会（Council of Europe）は、2001年に、ヨーロッパ全域における外国語の学習と教育と評価について共通の規準としてCommon European Framework of Reference for Languages、略してＣＥＦＲ（ヨーロッパ言語共通参照枠）を公表しました。ＣＥＦＲはヨーロッパ域内だけでなく世界的に注目され、現在では、最も有力な世界共通の外国語教育の参照枠となっています。

ＣＥＦＲでは、外国語能力の発達を、まずはＡ（基礎言語使用者）、Ｂ（自立的言語使用者）、Ｃ（熟達した言語使用者）の３つの段階に分け、各々をさらに、Ａ１、Ａ２のように２段階に分けて記述しています。ＮＥＪの教育内容は、ＣＥＦＲのＡ段階に準じて策定されています。ＣＥＦＲのＡ２の「全体的な尺度」と「自分の話をする」の記述は以下のようになっています。

◉**全体的な尺度（Global Scale）**
　個人の存在や生活で最も身近で関連のある領域（**ごく基本的な個人的情報や家族情報、買い物、近所の様子、仕事のことなど**）に関連してよく使われる文や表現が理解できる。身近で日常的な事柄についての簡単で直接的な情報交換が期待される、簡単で日常的に繰り返し行われるコミュニケーションに従事することができる。**自分の背景や身の回りの状況や様子や身近で起こっている事柄などの**一部を簡単な言葉で説明できる。

◉**自分の話をする（Sustained Monologue: Describing Experience）**
　事柄を列挙して簡単に述べたり、物語ることができる。自分の周りの環境、例えば、**人や場所、仕事、学習経験など**の日常を述べることができる。出来事や活動の要点を短く述べることができる。**計画、準備、習慣、日々の仕事、過去の活動や個人の経験**を述べることができる。**事物や所有物**を比較し、簡単な言語を用いて短く述べることができる。**好きか嫌いか**を述べることができる。（A2.2）
　家族、住居環境、学歴、現在やごく最近までしていた仕事を述べることができる。簡単な言葉で**人や場所、所有物**を述べることができる。（A2.1）
　　　　　（Council of Europe 2001, p.59、邦訳p.62、太字は引用者）

太字の部分にあるように、自己表現活動の能力は現在の外国語教育の規準に明確に示されています。このような観点からも、基礎日本語教育における自己表現活動の重要性を指摘することができます。

第2章　ユニットの学習指導法

　NEJは、日本語教育の経験や日本語指導法の研修の受講経験がない人でも割合容易に有効に活用することができます。一方で、経験のある教師の場合は、経験に基づく判断でさまざまな教え方の工夫や細かい即興的な対応や追加的な学習活動を行うことで、本書を活用してめざましい教育効果をあげることができるでしょう。

　本章では、NEJを使った日本語指導の方法を初心の指導者にもわかりやすいように説明します。説明においては、端的に「～してください」という言い方をよく使っています。これはわかりやすさを優先してそのようにしているだけで、他の手順や方法を排除するものではありません。また、以下の説明ではしばしば「～してあげてください」や「～させてください」のような表現を使っていますが、指導者と学習者を上下関係で捉えているわけではありません。

　※　学は学習者自身で勉強すること、学⇔指は指導者の下で学習すること、指は指導者がすることをそれぞれ表します。学⇔指がいわゆる指導の場面になりますので、枠内をグレーにしています。

1　ユニット学習に入る前に

　日本語初習者の場合は、ユニットの学習に入る前に、日本語学習の準備をしなければなりません。ここでは、その方法について説明します。

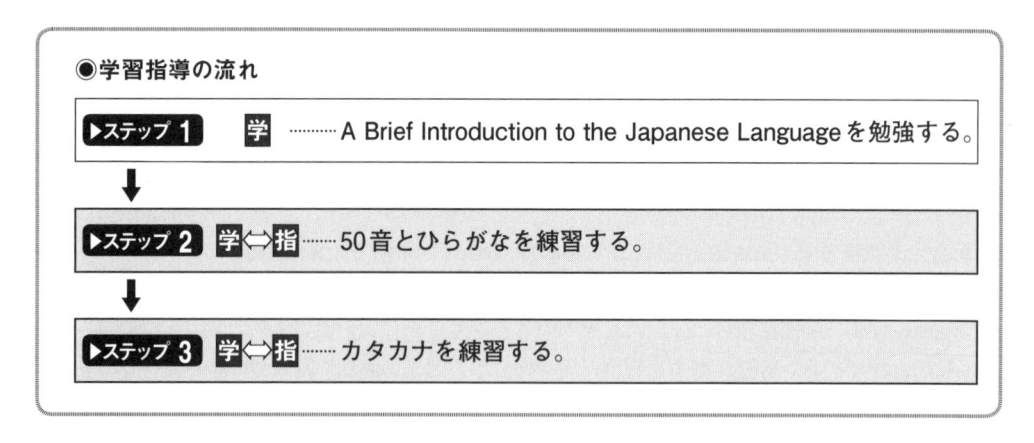

```
●学習指導の流れ
▶ステップ 1　学 ……… A Brief Introduction to the Japanese Languageを勉強する。
             ↓
▶ステップ 2　学⇔指 ……… 50音とひらがなを練習する。
             ↓
▶ステップ 3　学⇔指 ……… カタカナを練習する。
```

▶ステップ 1　学　A Brief Introduction to the Japanese Language：日本語を知る
　　　vol.1に掲載の「A Brief Introduction to the Japanese Language」（p.xviii-xix）を読んでもらってください。もちろん家庭学習でもかまいません。

▶ステップ 2　学⇔指　50音とひらがなの練習
　　　別冊のひらがな練習シート（Hiragana Writing Practice Sheets）で、ひらがなの書き方と読み方を練習してください。その際には、付録（Appendix）のTable 1（日本

語の50音）と Table 1'（ひらがな表）も適宜に活用してください。書き方の指導にあたっては、日本語の文字としてきれいに書けるように教えるのではなく、**文字を構成している字形要素を、筆で描いたようなハライやハネなどにとらわれず、単純な線や点で構成される図形として捉え、それらをスムーズにバランスよく書けるよう**指導してください。練習シートはなぞり書き練習となっていますので、スムーズにバランスよく書けるようになるまで、コピーして何度もなぞり書き練習をしてください。この段階では、**個々の仮名の書き方と読み方ができるようになることに集中**してください。拗音、促音、長音などの書き方の学習はユニット学習に入ってから行います。そのためにNEJでは、拗音などを含めたひらがなとカタカナの学習素材としてUnit 1からUnit 3の書き方練習シート（Writing Practice Sheets）を用意しています。

▶ステップ3　学⇔指　カタカナの練習

別冊のカタカナ練習シート（Katakana Writing Practice Sheets）で、カタカナの書き方と読み方を練習してください。その際には、AppendixのTable 1（日本語の50音）とTable 1"（カタカナ表）も適宜に活用してください。書き方指導の要領はひらがな指導の場合と同様です。

コラム2

書き方の練習について

　ひらがな練習シート、カタカナ練習シート、書き方練習シートはいずれも**なぞり書き練習**になっています。一般的な文字の書き方の指導法では、書き順を示し必要に応じて字形要素に注意させた後に、すぐに見本を見ながらの書き方練習に入ります。しかしそれでは形の整った文字がなかなか書けるようになりません。書き順などを教えた上で、次になぞり書き練習が必要です。

　見本を見ながらの書き方練習に比べ、なぞり書きで書き方を練習することは学習者にとって頭を使う必要のない楽な作業です。だからこそ、文字の形をきれいに再現することに集中できて、有効な書き方の練習になります。

2 ユニットの学習指導法

　ユニット共通の学習指導の方法は、大きく5つのパートに分けることができます。それぞれのパートの冒頭でそのパートの学習の趣旨と学習指導の流れ(ステップと手順)を示します。その後に、それぞれのステップと手順の具体的な方法や実施上のコツなどを解説します。

パート1

　パート1はNEJでの学習指導の中核になる部分です。それぞれのマスターテクスト(Personal Narratives(Section 1))について以下の要領で学習指導を進めます。

```
●学習指導の流れ

▶ステップ1  学  ……マスターテクスト(Personal Narratives(Section1))を勉強する。
        ↓
▶ステップ2  学⇔指 ……マスターテクストを使って練習する。
              手順1─マスターテクストの朗唱練習をする。
              手順2─マスターテクストの質疑応答練習をする。
              手順3─マスターテクストと同様の内容について学習者に当てはめた質問-答え練習をする。
              手順4─(Unit1からUnit6のみ)マスターテクストについて学習者同士で質疑応答練習をする。
```

▶ステップ1 学　マスターテクストの予習

　　学習者は、自分でマスターテクスト(Personal Narratives(Section 1))を学習します。学習の手順の概要は以下の通り。

(1) 教科書のマスターテクストを見ながら音声素材を聞く。
(2) イラスト、語釈、文法注釈、GJG(The Gist of Japanese Grammar)などを参考にしてマスターテクストを理解する。
(3) 音声を聞きながらマスターテクストを繰り返し口頭練習する。

▶ステップ2 学⇔指　マスターテクストを使った練習

> **コツ!** 下記の手順に入る前に、ユニットのテーマについて、学習者のことを予備的に尋ねてみるのが、テーマの導入として有効です。

手順1　朗唱練習

　本書付属のCDあるいは指導者の生の声で、マスターテキストの朗唱練習をします。方法は、**模倣反復練習**（音声に続いて学習者が言う）でも**シャドーイング**（音声を後追いする形で学習者各自が小さい声で読む）でもかまいません。指導者の生の声で練習するときは、自然なスピードにこだわらず、学習者がまねしやすいスピードで実施してください。各文節は割合自然なスピードで読んで、文節の区切りを少し長くすると、日本語の話し方としても自然で、学習者も言いやすくなります。

　模倣反復練習は、2段階で実施するのがよいと思います。第1段階では、「、」と「。」の両方で区切りながら練習してください。そして、第2段階では、「。」で区切りながら練習してください。スムーズに言うのがむずかしい言葉があれば、適宜にその言葉を取り上げて練習し、また、模倣反復練習に戻ってください。

　シャドーイングは、初回は比較的ゆっくり行い、回数を追うごとに段階的にスピードを早めるのがコツです。時に大げさな抑揚をつけた読み方などを織り交ぜると、一層楽しくシャドーイング練習ができます。

　最後は、各自で朗唱練習をさせてください。その際は、できればルビを紙で隠して練習させてください。Unit 8以降はパラレル・テクストとなっていますので、左右のページを適宜に使い分けて練習してください。

　朗唱練習は、音声指導を行うための重要な機会です。アクセントや調音方法にも注意して上手にまねて読めるようになるまでしっかり練習してください。

> **コツ！**　各ユニットのGJG（The Gist of Japanese Grammar）では、文法についての学習者からの各種の質問に答えるような内容を書いています。**GJGは、パート1のステップ1の予習の段階で、学習者が読んで、文法についての理解を得るためのものです**。ですから、マスターテキストを使って口頭練習をしているときなどに学習者から文法についての質問が出てきたときには、GJGの該当箇所を見るように指示してください。例えば、Unit17のマスターテキストの③を勉強しているときに、「『くれました』と『あげました』は、どうちがいますか」というような質問が出たときには、「GJGの（1）を見てください」と言うのが一番手っ取り早い対応です。もちろん、GJGの説明を参考にして、例文を示して説明してもかまいません。本書の巻末資料1には、GJGの日本語訳を掲載しています（→p.88参照）。

手順2　質疑応答練習

　マスターテキストの内容について、CDを聞かせながら各部分ごとに、指導者が質問し学習者がそれに答える練習をします。教科書を見ながら練習してもかまいません。質疑応答の要領については、**Unit 1からUnit 6までは、セクション2（Questions and Answers）**を参照してください。

> **コツ！** 質疑応答練習においては、Vol.1の6ページの西山先生についての質疑応答(Q2)にあるように、**「いいえ、---」と答えなければならない質問**を適宜に織り交ぜるのがコツです。そうすれば、学習者は一層指導者の質問を注意深く聞くようになりますし、また「いいえ、---」との答えは、強く主張しなければならない答えとなります。

手順3　質問-答え練習

　質問-答え練習は、マスターテクストと同様の内容について学習者に尋ねて、それに学習者が学習者自身のことを答える練習です。質問-答え練習は2段階に分けて行います。

　第1段階では、CDを聞かせながら質疑応答練習に織り交ぜて実施します。Unit3のリさん(p.32)を例として具体的な要領を以下に示します。太字が質問-答え練習の部分です。

CD　　：　わたしは、毎日、朝ごはんを食べます。いつも、パンを食べます。
指導者：　リさんは、毎日、朝ごはんを食べますか。
　A　　：　はい、食べます。
指導者：　いつも、何を食べますか。
　A　　：　パンを食べます。
指導者：　Aさんは、毎日、朝ごはんを食べますか。
**　A　　：　はい、食べます。毎日、朝ごはんを食べます。**
指導者：　毎日、パンを食べますか。
**　A　　：　いいえ、毎日、ごはんを食べます。ときどき、パンを食べます。**

　要は、**CDでリさんなどの登場人物の内容を確認した上で学習者に「○○さんは？」と尋ねる**のが質問-答え練習の第1段階です。 手順1 と 手順2 で学習した内容を各部分ごとに学習者自身に引きつけて自分のことを話し始めるのが質問-答え練習の第1段階の趣旨です。このような形でマスターテクストを自己表現活動に関連づけます。

　第2段階では、ユニットのテーマについて、マスターテクストのような内容で自由に質問-答えのやり取りをする段階です。練習は、**指導者主導**で実施してもかまいませんし、クラス授業の場合は、指導者が準備した質問シート(質問のみを書いたシート)を準備して、**ペア**で質問-答えのやり取りの練習をさせるのもよいでしょう。Unit 3のA(朝ごはん)の場合を例として質問シートの例を以下に挙げます。

■ **質問シート：Unit 3のA(朝ごはん)**

1. 毎日、朝ごはんを食べますか。
　_____

2. いつも何を食べますか。
　_____

3. 何と何が好きですか。
　_____

4. 何を飲みますか。
　_____

| 手順4 | 学習者同士の質疑応答練習（Unit 1 から Unit 6 のみ）

　学習者をペアにします。そして、一人はQuestions and Answers（Section 2）を開き、もう一人はPersonal Narratives（Section 1）を開いて見ます。そして、Section 2を見ている人がQの通り質問をし、Section 1を見ている人がテキストを見て、それに答えます。次に役割を交代して同じように練習します。

コラム3

口頭練習のときに学習者はなぜ教科書を見るのか

　口頭練習の際、学習者は教科書を見ながら答えているという状況が日本語の教室でしばしば見られます。そんなときに、日本語の先生はしばしば「（今は口頭練習をしているのですから）教科書を見ないでください」と注意します。この注意は、正当な注意でしょうか。

　学習者が教科書を見るのは、教科書を見ないで自力だけで要求されている言語活動を行うことができないからです。逆に言うと、今現在の学習者の日本語習熟段階は、教科書を見ながら今要求されている活動を行うのがちょうどいい練習になる段階だと言うこともできます。つまり、教科書を見ながら口頭練習を行うのも一つの立派な練習だということです。そんな段階で「教科書を見ないでください」と言うのは無理な要求です。

　一般的に言うと、指導者は、学習者が何らかの助けを得ながらでもどうにかこうにか参加できるような言語活動の状況を学習者に提供しなければなりません。沈黙の後に指導者が一つひとつ言葉を与えなければならないような状況は「過重課題状況」です。指導者は、学習者が参加できる言語活動の状況を小さなステップに区切って日本語の練習を展開する必要があります。そして、ちょうどいい小さなステップに区切って練習を展開するというのが指導者としての重要な技量の一つになります。

パート2

テーマに関連する語彙・表現や学習する文法表現に焦点を置いた学習をします。

```
◉学習指導の流れ

▶ステップ 1   学  ……… 宿題としてUseful Expressions (Section 2[vol.1])あるいは、
                      Summary of the Main Grammar Points(Section 2[vol.2])を勉強する。
       ↓
▶ステップ 2   学⇔指 ……… それらの部分を活用した口頭練習をする。
```

▶ステップ 1 学 **Useful Expressions(Section2 [vol.1]), Summary of the Main Grammar Points(Section2 [vol.2])の自宅学習**

　学習者は自宅でUseful ExpressionsあるいはSummary of the Main Grammar Pointsを勉強します。大部分の言葉は、マスターテキストで学習していますが、学習していない言葉には「＊」が付いています。分からない言葉がないように予習するよう指示してください。Summary of the Main Grammar Pointsについては、音読できるように練習します。

▶ステップ 2 学⇔指 **語彙・表現や文法表現の口頭練習**

　宿題に出したページを開けます。

　Useful Expressionsでは、練習する語彙グループの番号を告げて、口頭練習に入ります。要領は以下の通りです。Unit 3のUseful Expressionsを例として説明します。

　　指導者： Useful Expressionsの1を見てください。
　　　　　　Aさんは、朝ごはんを食べますか。
　　A　　： はい、食べます。
　　指導者： ごはんを食べますか。パンを食べますか。
　　A　　： パンを食べます。
　　指導者： ごはんは、食べませんか。
　　A　　： はい、ごはんは食べません。
　　指導者： トーストを食べますか。
　　A　　： はい、ときどき、サンドイッチも食べます。
　　指導者： たまごも食べますか。
　　A　　： はい。ときどき食べます。

2. ユニットの学習指導法

　本書付属CD-Rには、NEJで使用しているイラストが入っています。それを印刷して絵カードを作って、絵カードを見せながら上のような口頭練習をするのもいいでしょう。Useful Expressionsにあるすべての語彙グループについてこのような練習をしなければならないわけではありません。上のような口頭練習がしやすいものだけでいいです。

　語彙を中心としたこのような口頭練習がスムーズにできない場合は、もう一度 パート1 の ステップ2 のマスターテクストの学習をしてください。

　Summary of the Main Grammar Pointsでは、それぞれの文を音読させます。必要に応じて発音の指導をします。そして、音読した文に絡めて、適当な質問-答えの練習をします。要領は以下の通りです。Unit 15のSummary of the Main Grammar Pointsを例として説明します。

　　指導者：はい、それでは、(1)を読んでください。
　　　B　：（音読）「結婚後も、仕事を続けるつもりです。」
　　指導者：Bさんは、結婚後も、仕事を続けるつもりですか。
　　　B　：はい、続けるつもりです。
　　指導者：Cさんは、どうですか。
　　　C　：わたしは、結婚したら、仕事をしたくないです。
　　指導者：ああ、そうですか。では、Dさん、次を読んでください。
　　　D　：（音読）「わたしは大学院に進学するつもりです。」
　　指導者：Dさんは、大学院に進学するつもりですか。
　　　D　：いいえ、わたしは大学院に進学しません。わたしは大学を卒業したら、
　　　　　　仕事をしますつもりです。
　→指導者：するつもりです。
　→　D　：するつもりです。
　　指導者：ああ、そうですか。どんな仕事をしたいですか。
　　　D　：エンターテインメント関係の仕事をしたいです。

どのような質問-答えの展開にするかは適宜に判断してください。また、矢印の部分のように学習者の話し方も適宜に修正してください。

パート3

文法を中心としてマスターテキストの復習をします。そして、漢字(Unit1からUnit3ではひらがなとカタカナ)の学習をします。

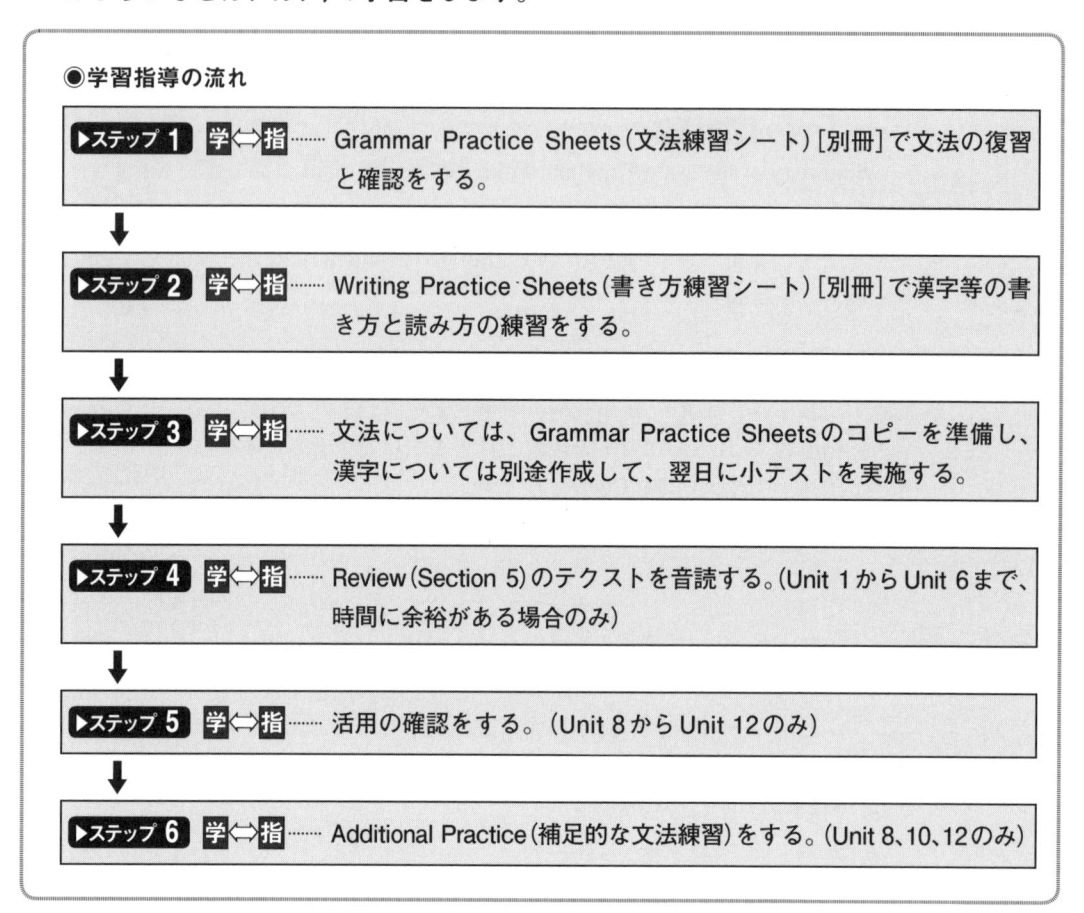

●学習指導の流れ

▶ステップ1　学⇔指 …… Grammar Practice Sheets(文法練習シート)[別冊]で文法の復習と確認をする。

▶ステップ2　学⇔指 …… Writing Practice Sheets(書き方練習シート)[別冊]で漢字等の書き方と読み方の練習をする。

▶ステップ3　学⇔指 …… 文法については、Grammar Practice Sheetsのコピーを準備し、漢字については別途作成して、翌日に小テストを実施する。

▶ステップ4　学⇔指 …… Review(Section 5)のテクストを音読する。(Unit 1からUnit 6まで、時間に余裕がある場合のみ)

▶ステップ5　学⇔指 …… 活用の確認をする。(Unit 8からUnit 12のみ)

▶ステップ6　学⇔指 …… Additional Practice(補足的な文法練習)をする。(Unit 8、10、12のみ)

▶ステップ1　学⇔指　文法の復習と確認

　　別冊にあるGrammar Practice Sheets(文法練習シート)で、主要文法事項を中心としてマスターテキストの復習をします。Grammar Practice Sheets(文法練習シート)の例文はすべてマスターテキストに準じたものです。マスターテキストを見ながら勉強してもかまいません。指導者は学習者に寄り添って、適宜に、ヒントを与えたり、マスターテキストの該当部分を示したり、答え方の援助をしたりしてあげてください。

▶ステップ2　学⇔指　漢字などの学習

　　別冊にあるWriting Practice Sheets(書き方練習シート)で、Unit 1からUnit 3ではひらがなとカタカナの練習を、Unit 4からは漢字の書き方の練習をします。Unit 4以降では漢字の読み方の練習も一部含まれています。

　　漢字の指導法については、本章の**3**の(2)(p.34)を参照してください。Writing

Practice SheetsのUnit 4からUnit 7までは、初歩的な漢字50字（大部分はそれまでにNEJで既出）を使って、漢字の運筆（線を描く要領）を練習します。各ユニットの漢字がスムーズに書けるようになるまでしっかり練習してください。Unit 8以降では、各ユニットのマスターテクストで出てきた漢字を学習漢字としています。筆順指導にとどまらず、他の漢字からの部品の借用（例:「明」は「日」と「月」、「社」は「ネ」と「土」など）や、部品の共通性（例：「先」と「兄」と「元」は同じ「儿」を使っている）なども指摘しながら、少しでも負担を軽減しつつ指導してください。vol.1（130字）とvol.2（170字）の学習漢字300字は、巻末の資料2（p.106-107）に掲載しています。

▶ステップ3　学⇔指　**文法と漢字の小テスト**

▶ステップ2の勉強をした翌日に、文法と漢字の小テストをします。文法についてはGrammar Practice Sheetsをコピーして使ってください。漢字等については「NEJのひろば」に各ユニットの小テストを掲載していますので、それをダウンロードして使ってください。

▶ステップ4　学⇔指　**音読練習（Unit 1からUnit 6のみ）**

授業時間に余裕がある場合に、Review（Section 5）を音読します。Review（Section 5）のテキストはPersonal Narratives（Section 1）を第三者語りにしたものです。新しい表現や文法はありませんので、純粋に音声言語と文字言語の照合作業となります。Review（Section 5）は、主に漢字系学習者のための追加的な学習素材として提示しています。

▶ステップ5　学⇔指　**活用の確認（Unit 8からUnit 12のみ）**

Unit 8からUnit 12では最後に活用を確認するための素材 Verb Inflection（Section 3またはSection 4）があります。ます-形との対比でそれぞれの動詞がどのように変化しているか確認させてください。また、例として出している表現の意味の理解を確認させてください。理解できていない場合はマスターテクストに戻って意味と使い方を指導してください。

▶ステップ6　学⇔指　**補足的な文法練習（Unit 8、10、11のみ）**

Unit 8、Unit10、Unit11にはAdditional Practice（補足的な文法練習）があります。Additional Practiceは、マスターテクストで十分に練習できなかった文法の練習ですので、一定の時間をかけてしっかり練習してください。各々の練習の方法は第4章の各ユニットの説明部分で紹介します。

パート4

マスターテクストをモデルとして自分のエッセイを書きます。そして、クラスメイトとペアになって、交代でそれぞれのエッセイの読み聞かせをします。

●学習指導の流れ

▶ステップ1　学　……マスターテクストを参考にしてエッセイ（作文）を書く。

▶ステップ2　指　……学習者のエッセイを添削する。

▶ステップ3　学⇔指　……エッセイの朗唱と交換をする。

　手順1─添削されたエッセイを確認する。
　手順2─エッセイを自身で朗唱練習する。
　手順3─クラスメイトとペアになって、交代でそれぞれのエッセイの読み聞かせをする。

▶ステップ1　学　**エッセイ（作文）の作成**

　学習者は、マスターテクストをモデルとして自分のことについてエッセイを書きます。学習者には、マスターテクストを見ながらエッセイを書くように指示してください。Unit 1からUnit 12では、テーマについての語彙リストとしてUseful Expressionsがあります。それも適宜に活用するように指導してください。内容的にも言語表現の面でも、**マスターテクストをモデルにして書くのが学習方法として適当です。エッセイのタイトル（テーマ）は、各ユニットのタイトル**にしてください。また、学習者にサブタイトルを自由に付けさせてもかまいません。

　「マスターテクストをまねて書くように」と指示しても、学習者はそれぞれ自分らしいエッセイを書いてくれます。そして、このエッセイ作成において**学習者の個性を反映**することもできます。

　エッセイ作成は、クラスで実施してもいいですし、宿題にしてもかまいません。クラスで実施する場合は、机間巡視をしてその場で適宜にエッセイ作成を援助してあげてください。また、学習者のエッセイをのぞき込んで誤りなどがあったら、適宜に直してあげてください。授業中であっても、（電子）辞書を使用することは、むしろ奨励してください。漢字については、習った漢字は積極的に書くようにと指導してください。エッセイの分量は概ねマスターテクストの分量と同じくらいが適当です。

▶ステップ 2 　指　　学習者のエッセイの添削

　　学習者が書いたエッセイは一旦集めて、添削をしてください。添削は、語彙や助詞や活用などを直すだけでなく、**学習者が言いたいことを読み取ってそれをうまく表現している日本語となるまで直して**ください。ただし、使用する表現は、当該の学習者が知っているであろうと思われる語彙や文法の範囲に限定してください。そのようにいい日本語になるまで添削するのは、それが次のステップで**他の学習者に読み聞かせする素材になる**からというのも理由の一つです。

　　評価を伴う大学等の授業の場合では、学習者への励ましと評価を兼ねてエッセイを5点満点で毎回採点してください。エッセイ採点の目安は以下の通りです。

□5点－優れている
　マスターテクストをモデルにしながらも自分の事情に合った未習の語彙や表現等を使ってエッセイを書いている。未習の語彙や表現等の部分では誤りが少しあるが、マスターテクストに関連している部分については誤りがほとんどない。

□4点－合格
　マスターテクストをモデルにして素直なエッセイを書いている。若干の語彙や文法の誤りがあるが、自身の内容を反映したわかりやすいエッセイが書けている。

□3点－もう一歩
　マスターテクストをモデルにしてエッセイを書いていると認められるが、言いたいことがよくわからない部分があり、誤りや不注意なミスが多い。あるいは、マスターテクストをモデルにしないでテーマに沿って自分なりにエッセイを書いているが、誤りは比較的少なく、わかりやすいエッセイが書けている。後者の場合は、エッセイの下に「いいエッセイです。でも、次は、マスターテクストをよく見て、エッセイを書いてください」とのコメントを書く。NEJの学習途上では、マスターテクストをまねて書くことでそこからさまざまな言葉遣いを学ぶことが重要なため。

□2点－不合格(再提出)
　マスターテクストをモデルにしてエッセイを書いているかとも思われるが、誤りが多く、文意が伝わらない。あるいは、4点や3点に相当する質のエッセイになっているが、マスターテクストの半分以下の分量しか書いていない。後者の場合は、エッセイの下に「もう少し長いエッセイを書いてください」とのコメントを書く。

□1点－不受理(再提出)
　2、3行しか書いていない。5、6行書いているが、誤りが多くて、文意が伝わらない。

※ 2点と1点のエッセイについては、もう一度書かせて再提出としてください。
※ 漢字の不使用や書き誤りについては減点の対象とはせず、単に赤で正しい漢字を示して漢字の使用を勧めてください。

▶ステップ3　学⇔指　エッセイの朗唱と交換

手順1　添削されたエッセイの確認

　添削されたエッセイを各自で読み、正しい表現方法を確認します。学習者がわからないときは、指導者は適宜に援助をしてあげてください。（電子）辞書で調べさせるのもいいです。

手順2　エッセイの朗唱練習

　手順1で正しい表現方法の確認を終えたエッセイについて、各自で朗唱練習をします。指導者はわかりやすく話せるように適宜に音声的な側面の指導をしてください。

手順3　エッセイの交換

　朗唱できるようになったら、ペアになって交代でエッセイの読み聞かせをします。たいていの場合、エッセイの読み聞かせからさらなる自由な会話へと発展していきます。音声だけでは理解するのがむずかしい場合は、エッセイを見せながら読み聞かせをするのもかまいません。

パート5

再度エッセイを回収し、指導者がパソコン入力をしてエッセイ集を作成します。そして、エッセイ集を学生に配布します。各ユニットのエッセイ集を蓄えた上で、中間と期末で「宿題テスト」とします。

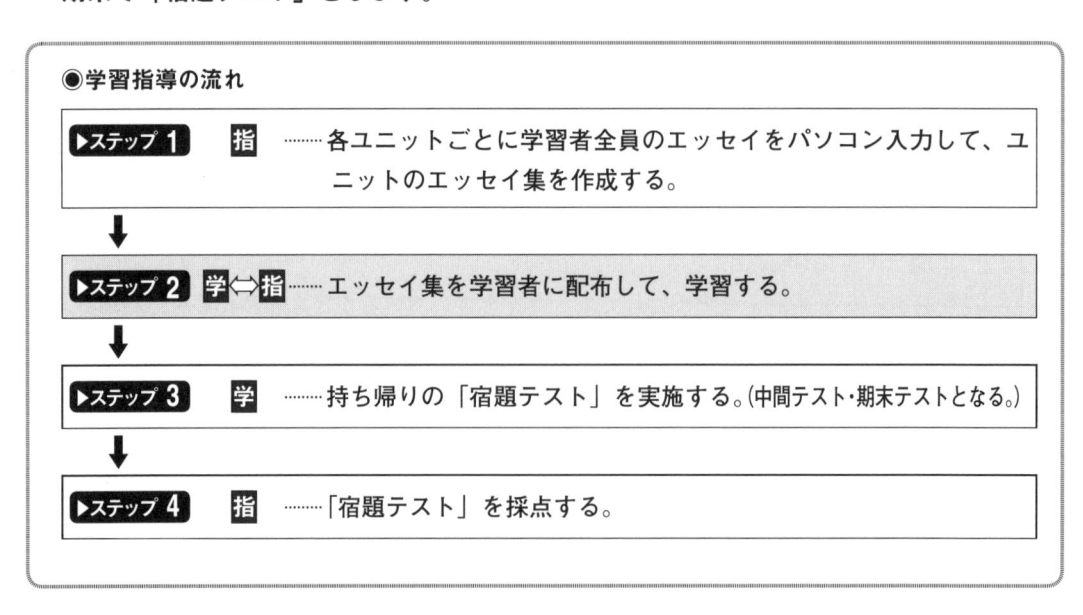

●学習指導の流れ

▶ステップ1	指	……各ユニットごとに学習者全員のエッセイをパソコン入力して、ユニットのエッセイ集を作成する。
▶ステップ2	学⇔指	……エッセイ集を学習者に配布して、学習する。
▶ステップ3	学	……持ち帰りの「宿題テスト」を実施する。（中間テスト・期末テストとなる。）
▶ステップ4	指	……「宿題テスト」を採点する。

2. ユニットの学習指導法

▶ステップ1 指　エッセイ集の作成

　指導者は、再度エッセイを回収します。あるいは、エッセイをあらかじめコピーしておいてもいいでしょう。そして、すべてのエッセイをパソコン入力して、エッセイ集を作成します。**漢字にはルビを振ってください**。ルビは、下ルビが便利です。また、1つのエッセイの中で初出の語彙のみでいいです。それぞれのエッセイには、**内容に対応するイラストを入れる**ととても見やすくわかりやすくなります。イラストは、本書付属CD-R所収のイラストから選ぶといいでしょう。

▶ステップ2 学⇔指　エッセイ集の配布と学習

　次のユニットに入る前に、学習者にエッセイ集を配布します。配布したら、その場で10分か15分程度時間を与えて各自で読ませてください。すでにパート4までの学習を済ませているので、他の学習者のエッセイを相当程度理解できるようになっているはずです。その間、(電子)辞書などを自由に使わせたり、学習者同士で質問しあったりしてもかまいません。指導者は机間巡視をして適宜に学習者の質問に答えてください。

　授業でもらったエッセイ集は持ち歩いて、何度も読み返すように指示します。いっしょに勉強している仲間のエッセイですので、興味と関心をもって読むことができます。また、エッセイ集配布時に「宿題テスト」を実施するということをあらかじめ学習者に知らせて、エッセイ集をなくすことなく保管しておくように指示してください。

▶ステップ3 学　持ち帰りの宿題テスト「好きな言葉」

　学期の中間と期末を区切りとして、1学期に2回、持ち帰りの宿題テスト「好きな言葉」(My Favorite Lines)を実施します。宿題テスト「好きな言葉」は、貯まったエッセイ集を基に、それを再度読んで好きな表現や言葉を拾って書くという復習を兼ねたテストです。以下、宿題テスト「好きな言葉」の準備と実施方法について説明します。

　まず初めに、宿題テストの範囲を決めてください。宿題テスト実施の前の週のユニットまでくらいが適当です。範囲が決まったら、各ユニットについて、資料4(→p.150参照)を参考にして「好きな言葉」のための用紙を作成してください。次に、作成した「好きな言葉」の用紙(実施するユニット分)を学習者全員分コピーします。そして、「宿題テストです」と説明して、授業で配付します。配布時には、「好きな言葉」の指示文にあるように、クラスメイトのエッセイを読んで、それぞれのエッセイから、好きな日本語を1・2文選んで書くように指示してください。また、写すときは、表記学習と文法学習のために正確に写すように指示してください。

　この宿題テストをするにはかなりの時間がかかりますが、学習効果はひじょうに大きいです。学習者を励ましてぜひ実施してください。

▶ステップ4 指 宿題テストの採点

　　　　提出された宿題テストを採点します。いいかげんにすべてのエッセイの最初の1、2文を書き写しているレポートを提出した学習者には、もう一度宿題テストをさせてください。きちんと「好きな言葉」を選んで書いているレポートについては、正確に写すことができているかどうかで採点をしてください。

3　その他の学習指導について

(1) 音声の指導

　　NEJでは、Unit 1からUnit 6まで、Section 4としてPronunciation Practice（発音練習）の素材を提示しています。いずれも日本語学習者の音声上の課題となることが多い音声側面を取り上げています。NEJのvol.1の学習期間は、Pronunciation Practiceの素材をくり返し使用して、毎日授業開始の冒頭で音声指導をするのがよいと思います。音声指導の詳細はコラム5（p.45）を参照してください。vol.2で勉強しているときでも、音声上の課題がある場合は、その課題に対応する素材を使って音声指導をしてください。

(2) 漢字の指導

　　NEJでは、Writing Practice Sheets（書き方練習シート）で漢字の学習をします。漢字の学習はUnit 4から始まります。Writing Practice Sheets（書き方練習シート）のUnit 4からUnit 7では、それまでのマスターテクストで出てきた漢字の中から漢字の書き方の基礎となる50字の漢字を学習します。各ユニットの漢字がスムーズに書けるようになるまでしっかり練習してください。Unit 8からはそのユニットのマスターテクストで学習した語彙の中から重要な漢字を選んで学習します。

　　NEJでは、vol.1で130字、vol.2でさらに170字、合計300字の漢字を学習します。日本語能力試験の漢字と対照した内訳は、以下の通りです。具体的な300の学習漢字については、巻末の資料2（p.106）をご覧ください。

レベル	NEJの学習漢字	JLPTの漢字（累計）	補足
◎N5	94字	103字（103字）	※ NEJで学習しないN5漢字は、以下の9字。午、右、左、東、南、多、耳、名、店
◎N4	111字	180字（283字）	
◎N3・2	85字	760字（1043字）	
◎N2以上	10字		※ NEJで学習するN2以上漢字は以下の10字。趣、系、戚、誕、僚、訳、輩、誘、塾、梅
合計	300字		

3. その他の学習指導について

(3) 欠席した学習者への対応

　授業を欠席した学習者への対応はいつも頭の痛い問題です。NEJを使った教育の場合の欠席学生への対応は比較的シンプルです。一つのユニットの授業すべてあるいは大部分を欠席した学習者を想定した場合、その学習者に必要な補習授業は端的に**マスターテクストの学習指導の部分**(p.22, **1**ユニットの学習方法 パート1)となります。この部分の指導を一対一で行えば、20-30分程度でできます。そして、補助授業の場で、ワークシート（文法練習シートと漢字練習シート）を自分でさせて、提出させてください。提出されたワークシートはその場でざっと見て、きちんとできていない場合は、できていない点を指摘して、再度させてください。

　そのような補習授業を実施した上でエッセイを書かせて翌日に提出させてください。提出されたエッセイが十分に書けていれば、「補習」は成功です。エッセイが十分に書けていない場合は、再度、エッセイを書かせてください。そして、合格水準のエッセイが書けるまで指導してください。

第3章 カリキュラム・プラン

　NEJは、対象学習者に合わせてひじょうに柔軟に活用することができます。また、従来の文型・文法積み上げ方式の教科書と比べると、各ユニットの独立性が高く、文型・文法事項についても既習か未習かをそれほど気にすることなくユニット学習を進めることができます。学習者の日本語習得状況に合わせて、上手に活用してください。以下では、いくつかのカリキュラム・プランを紹介します。

1 基礎日本語教育のカリキュラム

(1) 標準的なプラン

　まずは、日本語初習者を対象とした標準的な基礎日本語カリキュラムの場合について説明します。
　マスターテクストの分量は、ユニットによって異なります。それにより、1つのユニットの学習所用時間も若干変わります。以下が標準的なカリキュラムを策定するときの各ユニットの学習所要時間の目安です。

- パート1　マスターテクストの学習
- パート2　Useful Expressions/ Summary of the Main Grammar Points の学習
- パート3　Grammar Practice Sheets/ Writing Practice Sheets の学習
- パート4　エッセイの作成・朗唱・交換
- パート5　エッセイ集の配布と黙読

パート1	パート2	パート3	パート4	パート5
4〜6時間	1時間	1時間	1時間	1時間

1ユニット …… 8〜10時間

▶『NEJ』vol.1 (12ユニット) ＝ 96〜120時間
　　　vol.2 (12ユニット) ＝ 96〜120時間
　　　vol.1 ＋ vol.2 (全24ユニット) ＝ 192〜240時間

　上のように、パート5を含めて1ユニットを8〜10時間で学習することとなります。カリキュラムとしては、NEJ vol.1の12ユニットで96時間から120時間、vol.1とvol.2の24ユニットで192時間から240時間となります。学習者の日本語学習適性や家庭学習の状況や学習の進捗状況などによって各ユニットの内容に習熟するために要する時間は異なりますが、**上の時間数が非漢字系学習者の場合の標準カリキュラムの目安になります**。このようにNEJを使った基礎日本語教育では、これまでの基礎(初級)日本語教育(約300時間)よりも短い時間で着実に日本語の基礎力(基礎的な文型・文法事項と語彙の知識と、それらを組み合わせた話し言葉と書き言葉の両モードの日本語運用能力)を養成することが期待できます。
　日本語学校などでの集中日本語教育で専門的な教師が学習指導を行う場合は、各ユニットの**マスターテクストの学習が終わった時点でマスターテクストの空所補充練習(助詞を空所にした練習と、**

名詞や動詞を空所にした練習)をしたり、パート5で作成した各ユニットのエッセイ集を活用して、(a)エッセイの口頭発表会をする、(b)全員のエッセイを教室に張り出して学習者が見て回る「ポスター・セッション」をするなど、適宜に補充的あるいは発展的な学習活動を入れてください。

(2) まったくの初習者と若干の既習者が混在する場合

　基礎日本語プログラムでは、まったくの初習者と、少し勉強したことのある既習者が混在する場合があります。この差は、まったくの初習者のほうにひらがなの読み書きを早期に厳しく指導して着実に身につけさせることで克服することができます。プログラム開始前か開始間もない時期に、初習者に対してひらがなの読み書きの補習をするなどの手当てを確実に行ってください。カリキュラム自体を変更する必要はありません。

初習者向け補習	パート1	パート2	パート3	パート4	パート5
↑ ひらがなの読み書き	4～6時間	1時間	1時間	1時間	1時間

2 既習者を対象としたカリキュラム

(1) 文型・文法積み上げ方式で初級の中途まで日本語を学習した学習者の場合

　文型・文法積み上げ方式による日本語教育では、当該の課までで学習した文型・文法や語彙を総合的に使って何らかの言語活動をするという訓練が必ずしも十分に行われない傾向があります。ですから、そのような方式で一定のところまで日本語を学習し、文型・文法や語彙などの知識をある程度身につけている学習者が続けてNEJで日本語を学習する場合は、学習者の日本語運用能力を勘案して、文型・文法的には復習になるユニットにさかのぼってカリキュラムを策定してください。

●初級前半を終えた学習者の場合

Unit 8～12 vol.1	パート1とパート4を中心に				
	3～5時間				

Unit 13～24 vol.2	パート1	パート2	パート3	パート4	パート5
	4～6時間	1時間	1時間	1時間	1時間

　例えば、自分の国で従来の日本語教育の方法で初級前半をすでに学習した学習者を受け入れた場合は、NEJのvol.2からスタートするのではなく、vol.1のUnit 8からUnit 12までをパート1とパート4を中心にGrammar Practice SheetsとWriting Practice Sheetsは宿題にして、学習した上で、vol.2のUnit 13から普通のペースで学習を進めるようにします。このようにすることで、NEJのカリキュラムで習得することが期待されている日本語運用能力を補った上で、NEJの後半の学習に順調に入っていくことができます。文型・文法は勉強したが日本語運用能力が低いと自覚している学習者のほうもこのやり方で満足してついてきてくれます。

(2) 文型・文法積み上げ方式で初級を終了した学習者の場合

　初級をすべて学習したという学習者を受け入れた場合でも、いきなり中級の教育内容に入るのではなく、NEJのvol.2をパート1のマスターテクストの学習を中心に授業をし、Grammar Practice SheetsとWriting Practice Sheets、及びエッセイ作成をすべて宿題として快速で各ユニットを復習してから中級の教育に入るのが有効です。この場合、NEJのvol.2は初中級の教科書のような役割を果たします。

●初級を終えた学習者の場合

Unit 13〜24 vol.2	パート1を中心に	宿題	
	2〜3時間	Grammar Practice Sheetsと Writing Practice Sheets、エッセイ	➡ 中級

3 時間が限られている個人指導の場合

(1) 標準的なプラン

　週に2時間あるいは4時間程度しか対面の学習時間がない個人指導では、従来の初級日本語教科書を使っていては、1年勉強しても初級の半分も終わりません。また、授業外でも本人の努力が相当ないとなかなか成果も出ません。これに対し、NEJは、学習者自身でかなり勉強ができること、自己表現活動中心の教育となっているので個人指導の有利さが最大限に発揮されることなどから、ひじょうに有用な教科書になります。

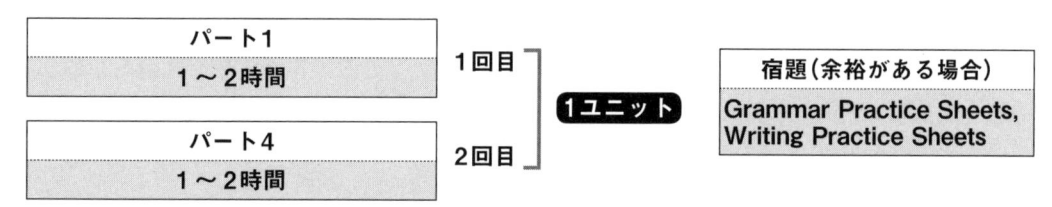

パート1		
1〜2時間	1回目	
パート4		1ユニット
1〜2時間	2回目	

宿題（余裕がある場合）
Grammar Practice Sheets,
Writing Practice Sheets

　NEJを使った個人指導では、2回のセッションで1つのユニットを学習してください。1回目のセッションではパート1の学習（マスターテクストの学習）を、2回目のセッションではパート4の学習（エッセイの作成と朗唱と交換）をしてください。つまり、**マスターテクストを学習して、とにかくその人自身の話を引き出してエッセイの作成を支援する**ということです。具体的な家庭学習の指示やセッション時の指導方法については、適宜に判断して行ってください。非漢字系の学習者で「自分は話し言葉の日本語だけでいい」という人の場合は、学習・使用する文字は主としてひらがなとし、カタカナと漢字の学習は省いてください。そのような場合は、ローマ字なども必要に応じて使用しながら、できるだけ音声＝話し言葉で日本語の学習と指導ができるように工夫しなければなりません。

　このようなプランで行くと、事前に多少の日本語力がある学習者なら、セッションが週に1回しかない場合でも、ほぼ1年でNEJの24ユニットすべてを学習することができます。そして、1年後には学習者は自分自身のことについてさまざまなテーマで話ができるようになるでしょう。

(2) 日本語をある程度自然習得した学習者の場合

　主に自然習得で日本語を身につけた人が、日本語学習の機会を求めて、学校や教室に来ることがあります。そのような学習者は一見流暢に話せるように見えます。しかし、よく観察してみると、(a)話せるテーマがきわめて限定されている、(b)聞き覚えた単語と述部表現を巧みに組み合わせて話しているために、助詞を省略した話し方や動詞の形が適当でない話し方などになることが多い、という傾向がしばしばあります。

　このような学習者においては、語彙を相当程度すでに習得しているという有利さがありますので、当該の学習者に適当と思われるユニットから、**3**の(1)の標準的なプランと同じようなスケジュールで指導してください。また、その際には、**マスターテクストを正確に音読できるように指導すること、助詞や動詞の形に注目して正しく話すように指導すること、文字の認識練習から始めて書記日本語（書き言葉）の知識と能力を徐々に身につけさせること**、などの配慮が必要です。

4 漢字系学習者と非漢字系学習者

(1) 漢字系学習者のみの場合

　漢字を見れば概ね語や文の意味がわかる漢字系学習者は、どのようなカリキュラム、教材、教育方法で教えたとしても、非漢字系学習者よりも圧倒的に有利です。中国語の漢字から離れられない一部の学習者以外はWriting Practice Sheets（書き方練習シート）での漢字学習も不要です。そのような事情を考えると、漢字系学習者の場合は、大ざっぱに言って、**1**の(1)の標準的なプランで言及した時間の約半分の時間で基礎日本語の学習を終えることができるでしょう。

　一方で、漢字系学習者の場合は、書記日本語に比べて口頭日本語（話し言葉）が弱くなるという当然の傾向があります。ですから、そのような点に配慮した指導が必要です。端的にいうと、**(a)音声指導を十分に行うこと、(b)口頭での練習をしっかりと行うこと、(c)Unit 1からUnit 6ではReview (Section 5)を使って音読練習を丁寧に行うこと**、などの配慮が必要になります。

パート1	パート2	パート3	パート4	パート5
2〜3時間	1〜2時間			1時間

1ユニット ……4〜6時間

(2) 非漢字系学習者と漢字系学習者が混在する場合の留意点

　日本国内の日本語教育では、コースに漢字系学習者と非漢字系学習者が混在して、同じ教室で両者がいっしょに勉強するという状況が普通に起こっています。

　NEJはそのような学習者特性への対応が割合行いやすい教科書です。例えば、エッセイを書く場合に、日本語力に余裕のない非漢字系学習者はマスターテクストをしっかりと参考にして、誤りの少ないエッセイを比較的コンパクトに書く傾向があります。これはこれで「合格」です。その一方で、日本語力に余裕のある漢字系学習者や少し進んだ学習者の場合は、自身の日本語力や語彙力等に依拠して比較的長いエッセイを自由に書く傾向があります。その結果、誤りの多いエッセイになってしまう

ということもしばしばあります。そのような学習者の場合は、エッセイを書く段階で、(a)マスターテクストをしっかりと参考にしてエッセイを書くこと、そして(b)エッセイを書き終わった後でもう一度マスターテクストを参照して誤りがないか自分でチェックすること、などの指導が必要です。そしてその一方で、自分が書いた長いエッセイのさまざまな部分で指導者からのフィードバックをもらえることはこの上ない日本語習得の機会となります。

　また、パート1のマスターテクストの朗唱練習は、発音が弱い学習者のための音声指導を機動的に行う絶好の機会を与えてくれます。発音が弱い学習者を取り出して、朗唱練習の復習の形で発音の補修クラスを実施することも容易です。漢字が特に弱い学習者についても、漢字学習の早い段階で一日に20分だけでも個別に指導すると効果は絶大です。その際には、Writing Practice Sheets（書き方練習シート）を活用すればいいでしょう。

コラム4

漢字系学習者と非漢字系学習者

　非漢字系学習者は「普通の乗用車」、漢字系学習者は「スポーツカー」のようなものです。「スポーツカー」はそもそもエンジンの馬力があり、高速で走行するようにできています。「普通の乗用車」とは比べものになりません。そんな「スポーツカー」が「普通の乗用車」と横に並んでドライブさせられるのは、「スポーツカー」にとって心地のいい経験ではありません。漢字系学習者を非漢字系学習者と同じカリキュラムで学ばせるのは、それと似たような状況になります。

　端的に言って、漢字系学習者と非漢字系学習者が同じカリキュラムで日本語学習を進めることができるとは考えにくいです。日本語学習者としての学習者特性があまりにも違いすぎます。ですから、本来的に言えば、漢字系学習者にはかれらの学習者特性に合ったカリキュラムと教材を準備して、かつかれらに適合した指導方法で教育を実施しなければならないでしょう。非漢字系学習者についても同様のことが言えます。しかしながら、実際的には、漢字系学習者と非漢字系学習者が混在した形で学習指導を行わざるをえません。そして、指導者にはそのような状況の中で、第一言語での漢字の知識の有無を代表とするさまざまな学習者特性に対応していくことが期待されています。

第4章 各ユニットの内容と指導法

　日本語の習得段階に応じて、教科書で学習者に提供するべき情報の内容は異なってきます。そのため、NEJの各ユニットの構成内容は、習得段階に応じて以下のように異なるものとなっています。

vol.1

■ Unit 1 〜 Unit 6
- Section 1 Personal Narratives ［マスターテクスト］
- Section 2 Questions and Answers
- Section 3 Useful Expressions
- ○ The Gist of Japanese Grammar
- ○ Essay Writing
- Section 4 Pronunciation Practice
- Section 5 Review

■ Unit 7
- Section 1 Conversations ［マスターテクスト］
- Section 2 Useful Expressions
- ○ The Gist of Japanese Grammar
- ○ Essay Writing

■ Unit 8 〜 Unit 12

▶ Unit 8, Unit 10 and Unit 11
- Section 1 Personal Narratives ［マスターテクスト］
- Section 2 Useful Expressions
- ○ The Gist of Japanese Grammar
- ○ Essay Writing
- Section 3 Additional Practice
- Section 4 Verb Inflection

▶ Unit 9 and Unit 12
- Section 1 Personal Narratives ［マスターテクスト］
- Section 2 Useful Expressions
- ○ The Gist of Japanese Grammar
- ○ Essay Writing
- Section 3 Verb Inflection

vol.2

■ Unit 13 〜 Unit 24
- Section 1 Personal Narratives ［マスターテクスト］
- Section 2 Summary of the Main Grammar Points
- ○ The Gist of Japanese Grammar
- ○ Essay Writing
- ※ Unit 13 includes Review of the Basic Kanji

■ Supplementary Unit
- Section 1 Personal Narratives ［マスターテクスト］
- Section 2 Summary of the Main Grammar Points
- ○ The Gist of Japanese Grammar

　NEJでの日本語学習は、大きく4つの時期に分けることができます。「助走期」、「離陸期」、「拡張期」、「発展期」の4つです。以下では、各期ごとに、その期の概要と趣旨を説明した上で、各ユニットについて、指導上のポイントや留意点等を説明します。

　NEJでは、Unit 7以降の質疑応答練習が提示されていませんので、Unit 7からUnit 12までは質疑応答練習の冒頭部の例を紹介します。本章の見方は以下のとおりです。

◎指導上のポイント・☆留意点　「◎」が指導上のポイント、「☆」が指導上の留意点です。

指導のコツ！　学習指導を要領よくまた有効に進めるための工夫を書いています。

日本語のヒミツ　日本語教育経験者でもあまり知らないことで日本語を指導するに当たって知っておいてほしいことや、指導の指針の基礎となっている言語活動の現実についての認識などを書いています。

1 第1期：助走期（Unit 1 〜 Unit 7）

　助走期は、**動詞の活用のない世界**です。次期に「離陸」を果たすために、そのような「やさしい日本語の世界」で、**基礎的な語彙と表現を習得し、それらを組み合わせていろいろなこと(各ユニットのテーマ)が話せる**ようになるのがこの期の絶対目標です。「〜です」と「〜ます」及びその変化形だけの「やさしい日本語」でそれを果たし、ひらがなとカタカナの読み書きを完成し、仮名と初歩的な漢字(50字)を使ってそのような内容の読み書きができるようになれば、この期の学習は完了です。マスターテクスト(Section 1)がきれいに朗唱できるように、また作成した自分のエッセイに基づいて自分のことがあれこれ話せるようになるまで、時間をかけて着実な力を身につけさせてください。

　ちなみに、Unit 7のみ例外的なユニットになっています。Unit 7では、「〜ます」の変化形である「〜ますか」「〜ませんか」「〜ましょう」「〜ましょうか」を使って、「誘う」、「すすめる」、「申し出る」などの表現を勉強します。いずれも、やはり動詞の活用のない表現です。

Classroom and Daily Expressions

　ユニットに入る前にClassroom and Daily Expressionsを勉強します。ここでは、教室でよく使う指示の言葉や日常生活で使う挨拶の表現などを紹介しています。「ここにこんな表現が紹介されていますよ」と知らせるという趣旨で、Unit 1の学習に入る前にざっと口頭練習をしておくとよいと思います。その上で、授業中に指示の言葉が分からないような場合に「ここにある、この指示ですよ」と指し示したり、挨拶の表現について質問があったときに「その場合は、この言い方をします」と再度紹介したりするという形で活用してください。

第1期：助走期（Unit1～Unit7）

Unit 1 Introducing Myself（自己紹介）

> テーマ
> ☐ 自己紹介をする
>
> 主要文法事項
> ☐ 名詞文
>   ex. わたしは、大京大学の学生です。
> ☐ ～の（所有や所属等を表す）

◎指導上のポイント・☆留意点

◎ 初対面の挨拶と、「（～は）、～です」の形で自己紹介をします。

◎「～から来ました」のみ動詞表現となっています。「～」に国名や地名を入れて、そのまま使えるように練習してください。

☆ クラスメイトの名前とさまざまな国名と地名などが、相手によく伝わるように、**日本語らしい発音**で言えるように指導してください。Section 4の発音練習（さまざまな国名と地名）も適宜に活用してください。その指導はそのまま、**日本語音声の練習**になります。**外国の人名や国名や地名を日本語らしい発音でできるようになること**はUnit 1からUnit 3の重要な目標です。

日本語のヒミツ

　　Section 4（発音練習）では、外国の国名や地名を使って、日本語らしい発音方法と日本語のアクセントの練習をします。

　日本語のアクセントは高低アクセントと呼ばれていて、単語はそれぞれの音節で音の高低移動をして特定のアクセントのパターンを形成しています。日本語のアクセント・パターンは、**平板**（aの「アメリカ」のグループ）、**頭高**（bの「ドイツ」のグループ）、**中高**（cの「シンガポール」のグループ）、そして尾高（ここでは提示していません）です。**学習者の多くは平板アクセントが苦手**です。そして、そのことが外国人っぽい抑揚の強い話し方の原因になっています。**平板アクセントができるように**しっかり指導してください。

　平板アクセントを指導するコツは、力を抜いただらしない発音をしてみせることです。そうすれば学習者はそれをまねて平板アクセントで発音することができるようになります。ちなみに「力を抜いただらしない発音」というのはコラム5（p.45）で説明する日本語の発音の特徴を反映したものです。

Unit 2　Introducing My Family（家族の紹介）

> **テーマ**
> ☐ 家族を紹介する
>
> **主要文法事項**
> ☐ 親族呼称
> ☐ 人の数え方

◎指導上のポイント・☆留意点

◎ 基本は、「(〜は)、〜です」による家族の紹介となります。

☆ 実際には、親族呼称や年齢の言い方、それぞれの人の職業等を言う表現など、**語彙の学習が重要な学習内容**となります。

◎ 写真や写真の中の人物を指さして「これは」を使えるように練習します。「こ・そ・あ」の体系は、Unit 7のGJGの(2)で解説しています。

◎ 好きな物・好きなことを言う定型表現として「(〜は、)〜が好きです」が出てきます。定型表現としてそのまま使えるように指導してください。※「〜は、〜が好きです」は、Unit 3で本格的に勉強します。

◎ 職業を尋ねる定型表現として「何をしていますか」を使います。定型表現としてそのまま使えるように練習してください。※「〜ています」は、Unit 8で勉強します。

◎ 発音の練習も本ユニットの重要な目標です。Section 4の発音練習をしっかり実施してください。発音練習の方法については、コラム5で解説しています。

指導のコツ！

まずは、「父です。」「母です。」「父は、〜さいです。」「母は、〜です。」など自分の家族のことが言えるように練習してください。この段階の質疑応答や質問-答えでは、「お父さんは、〜か？」「お母さんは、〜か？」とは尋ねないで、「〜か？」の部分だけで尋ねてください。「父・母・兄・姉・弟・妹」の系列がしっかり言えるようになってから、「お父さんは、〜か？」「お母さんは、〜か？」と尋ねるようにしてください。

日本語のヒミツ

若い人たちの普通の話し方では、「祖父・祖母・叔父・叔母」はあまり使われず、むしろ、「おじいさん・おばあさん・おじさん・おばさん」の系列を使っています。ですから、「おじいさん・おばあさん・おじさん・おばさん」の系列を優先的に指導してください。

コラム5

日本語の発音方法の顕著な特徴・発音練習の指導について

　他の言語と比較した場合、日本語の発音方法にはいくつかの特徴があります。その中で、音声指導上、最も注目すべき特徴は、a.「単語の最初の音はとても弱い」というルールと、b.「日本語では『閉鎖』や『摩擦』は弱い」というルールです。この2つの特徴は、Unit2のSection 4の発音練習で学習します。vol.1本冊p.27を見てください。以下、各々のルールについて簡潔に解説します。

a.「単語の最初の音はとても弱い」というルール

　このルールが特に顕著に表れるのは、語頭音が母音の場合です。例えば、「おじさん」「おばさん」「おとうと」「いもうと」などの語頭の母音は、普通に話したときはほとんどその存在がないくらいの発音になります。「にほんご」や「ともだち」などでもやはり語頭音はひじょうに弱く発音されます。

b.「日本語では『閉鎖』や『摩擦』は弱い」というルール

　「閉鎖」とは、例えば「おばさん(obasaN)」の/b/の部分で、「摩擦」とは、例えば「おじさん(ojisaN)」の/j/の部分です。欧米語や中国語などでは「閉鎖」も「摩擦」もひじょうに強く発音します。しかし、日本語ではひじょうに弱いです。普通に話すと、「おばさん」は「おわさん」、「おじさん」は「おいさん」のようになります。「おじさん」と「おじいさん」や「おばさん」と「おばあさん」の対立は、後者の語の長音の問題として扱われる傾向がありますが、むしろ前者の語の「『閉鎖』や『摩擦』が強すぎる」という問題です。これら2つの発音方法ができるようになると、学習者が抱えている日本語発音のさまざまな問題の多くが解決します。取り立てた発音指導のときだけでなく、口頭練習などをしているときなどでも常にこのような日本語発音の特徴に留意した発音指導をしてください。このような音声的特徴を指導するときのコツは、力を抜いただらしない発音をしてみせることです。そしてその後に「だらしなさ」を除去した発音をします。「力を抜く」というところに日本語の発音の特徴が反映されるわけです。

　Unit1からUnit6のSection4の発音練習では、上の2点を含む日本語音声の顕著な特徴を取り上げて練習します。各ユニットの発音練習の具体的な内容と主な音声指導上の課題は以下の通りです。

Unit1 日本語の各音節の発音方法と日本語のアクセント・パターン。主な課題は、平板アクセント(p.43の「日本語のヒミツ」を参照)です。

Unit2 日本語の各音節の発音方法と、日本語のアクセント・パターンと、上のaとb。主な課題は、aとbに注意しながら正しいアクセントで各語を発音することです。

Unit3 単母音と二重母音(あるいは長音)の対比と、母音が後続する場合の撥音「ん」。主な課題は、撥音を発音するときの閉鎖と非閉鎖(p.46の「指導のコツ!」を参照)です。

Unit4 平板アクセント。主な課題は、当該の語や文節を正しく平板アクセントで言えるようになることです。

Unit5 促音「っ」がある場合とない場合の対比。主な課題は、促音がない場合に促音がないように正しく発音できるようになることです。

Unit6 二重母音(あるいは長母音)と促音「っ」。主な課題は、二重母音や促音をそれぞれそれらしく正しく言えるようになることです。

Unit 3　**My Favorite Things**（好きな物・好きなこと）

> テーマ
> □ 好きな物・好きなことを言う
> □ 好きな食べ物、スポーツ、音楽などを言う
>
> 主要文法事項
> □ 〜は、〜が好きです
> 　　ex. わたしは、フルーツが**大好き**です。
> 　　　　わたしは、サッカーが**好き**です。

◎指導上のポイント・☆留意点

◎ マスターテクストのAでは、朝ごはんの話をして、朝ごはんとして、何が好きで、何をよく食べる・飲むかという話をします。Bでは、好きな物・好きなことの話をします。

◎ 「〜は、〜が(大)好きです」が主要な文法になりますが、テーマの関連で「食べます」「飲みます」「見ます」「聞きます」「水泳をします」も学習します。

◎ 「きらいです」と積極的に言うことはまれなので、「〜は、〜がきらいです」は本ユニットには含まれていません。「〜は、あまり好きではありません」と言うように指導してください。

☆ 好きな物・好きなことを言う表現や「よく〜します」など、**語彙の学習が重要な学習内容**となります。また、単語を容易に増やすために、**外来語(カタカナ語)**を割合多く提示しています。**日本語らしい発音**で言えるようにしっかり指導してください。この段階ではまだ音声の指導がひじょうに重要です。

日本語の**ヒミツ**

　一般的な日本語教科書では、外来語(カタカナ語)はむしろ積極的に提示されません。しかし、多くの学習者が第一言語や第一外国語として親しみのある英語を語源とした外来語の学習は、語彙を増やすためのひじょうに有効な方法です。外来語で積極的に語彙を増やしましょう。

　外来語については、イラストなどを見せながら日本語の言い方で明瞭に発音するようにしっかり音声の指導をしてください。

指導の**コツ！**

Section 4(発音練習)では、長音((1))と、撥音「ん」＋母音((2))を扱っています。

　長音(あるいは二重母音)では後ろの母音を明瞭に発音するように指導してください。そして、そのように発音するためには、実は前の方の音節、そして特に子音を弱く発音しなければなりません。例えば、「スーパーマーケット」では傍点の部分の子音を弱く発音します。

　撥音「ん」＋母音については、例えば、「千年(せんねん)」では「千」の「ん」は歯茎の部分で閉じますが、「千円(せんえん)」では「千」の「ん」の部分は閉じないで単に少し鼻にかけただけの音になります。「パンを」、「ごはんを」、「みかんを」なども同様です。閉じないで鼻にかけて発音するように指導してください。

第 1 期：助走期（Unit1～Unit7）

Unit 4　My Everyday Life（わたしの一日）

> テーマ
> □ 毎日の生活について話す
>
> 主要文法事項
> □ 動詞文①：現在（非過去）
> 　ex. わたしは、いつも、7時に**起きます**。
> 　　　そして、朝ごはんを**食べます**。

◎**指導上のポイント**・☆**留意点**

◎ 毎日の生活について話すことを通して、さまざまな動詞による表現を勉強します。

☆ ます-形の導入ではなく、**さまざまな動詞表現の学習**と考えて、動詞と助詞と、動詞文で使われる各種の名詞をしっかり習得するように指導してください。

☆ マスターテクストの中に各種の助詞を含むさまざまな動詞表現が網羅されています。助詞を取り立てて学習するのではなく、マスターテクストを朗唱できるようになることを通して助詞も習得するようにしてください。

日本語のヒミツ

　「～は」は、主語を表す助詞としてよりも、話題やテーマを示す助詞として、文の冒頭で比較的自由に使われます。そのような傾向があるので、NEJでは、話題やテーマを示す「～は」の後ろには必ず読点を打つこととしました。指導においても、そこで切って話すように指導してください。

指導のコツ！

NEJでは、読点を多めに打ちました。欧米の言語を母語とする人は、「。」が欧米語の「．」（ピリオド）に対応し、そこまでを欧米語と同じような文と考えています。欧米語では一つの文は結束性の強い単位で、一気に話される傾向があります。日本語の場合は、いわゆる**文節と文末の述語が数珠つなぎ**になって一つの文が成立しています。ですから、欧米語のように文は結束性の強い単位にはなっていません。日本語がそのような言語であることを意識してもらうためにも、「**、**」**あるいは文節で切って読んでもいいという意識**が身につくように指導してください。

日本語のヒミツ

　日本語の文体には、です・ます体（敬体）と、である体（普通体）の2種類があります。日本語教育では、です・ます体を基本として教えるのが一般的です。

　です・ます体で教えると便利なことが起こります。動詞に「－ます」をつけると、もともとさまざまなアクセント・パターンだった動詞のアクセント・パターンが一律化されるのです。つまり、もともと頭高（「書く」「飲む」など）、平板（「聞く」「行く」など）、中高（「歩く」「話す」など）だったのが、すべて中高（「～ます」「～ました」「～ません」「～ませんでした」の「ま」部分でアクセントが下がる）になります。これは、日本語学習の上でもひじょうに有利な点です。

47

Unit 5　**Friday Night**（金曜日の夜）

> **テーマ**
> □ 金曜日の夜の過ごし方について話す
>
> **主要文法事項**
> □ 動詞文②：過去
> 　ex. 先週の金曜日の夜は、レストランに**行きました**。
> □ 形容詞：な-形容詞とい-形容詞
> □ 形容詞文①：現在（非過去）と過去
> 　ex. その店の料理は、とても**おいしいです**。
> 　　　料理は、みんな、とても**おいしかったです**。

◎指導上のポイント・☆留意点

◎ マスターテクストのAでは、前のユニットの復習を兼ねて、金曜日の夜の一般的な話をします。そして、Bでは、先週の金曜日の夜の話として、過去の話をします。その中で、「〜ました」、いくつかの形容詞、形容詞の過去形などを勉強します。

◎ 動詞を使った各種の表現は概ね本ユニットで終わりとなりますので、**習慣的な生活及び過去の行為について十分に話せるように指導**してください。

☆ 重要な表現はマスターテクストですべて網羅されていますので、やはりマスターテクストを基にした学習活動をしっかり実施してください。形容詞の過去形なども取り立てて学習するのではなく、マスターテクストの流れの中で身につけるように指導してください。形容詞の活用はUseful Expressionsにある表（8 Adjectival predicate）を見せて変化する部分を確認するだけでいいです。

☆ 本ユニットでは、曜日の言い方、月の言い方、日にちの言い方、「きのう、今日、あした」などの言い方を学習します。動詞などを使って自分のことを話すことに結びつけながらそれらの表現を指導してください。

◎ 人や物の存在を提示して話を進めるために、「あります」「います」の文が出てきます。マスターテクストのような流れの中でそのまま使えるように指導してください。両者の違いはGJGの(1)で解説しています。※「あります」「います」は、Unit 6で本格的に学習します。

日本語のヒミツ

　　日本語の形容詞には、い-形容詞とな-形容詞の2種類があります。い-形容詞が過去形に変化して「〜かったです」となったときは、もともとのアクセントにかかわらずアクセントのパターンはその「〜か」の部分で下がるようになります。そのようなアクセント・パターンを意識して「〜かったです」を言うように指導してください。

第 1 期：助走期（Unit1～Unit7）

Unit 6　Going Out （外出）

テーマ
- 友人や家族等との外出について話す

主要文法事項
- **あります**と**います**(利用可能なことや存在を言う)
    - ex. 学校の近くには、安い店がたくさん**あります**。（Unit 5）
        寮には、いろいろな国の人が**います**。
- **ありました**と**いました**(あります・いますの過去形)
    - ex. ショッピングモールには、いろいろな店が**ありました**。
        ショッピングモールには、人がたくさん**いました**。
- 形容詞の否定形と接続形
    - ex. 味が**うすくて**あまり**おいしくなかったです**。

◎指導上のポイント・☆留意点

◎ これまでの日常的な生活ではなく、**外出などの経験**について話します。そして、そうした言語活動を通して、「〜ました」の表現を習得します。

◎ 出かけ先等で何かを見たとか発見したというような意味で**「ありました」「いました」**の表現を、また、何かを経験してどうだったかを言う言い方として**形容詞の表現「〜かったです」「〜でした」**を勉強します。併せて、**「きれいで大きかったです」のような形容詞を連結した表現**も勉強します。

◎ 「買い物に行きます」「映画を見に行きます」などの表現が出てきます。同表現についてはGJGで説明していますので、学習者から質問があったら、GJGを読ませてください。いずれの表現もマスターテキストの中で頻繁に使用されています。「〜に行きます」を取り立てて指導するのではなく、マスターテキストを基にした学習活動をしっかり実施してください。

◎ 若い人の買い物の対象となるものは、**外来語**で表現される傾向があります。外来語で語彙をしっかりと増やしてください。

☆ Unit 4からUnit 6までの学習で学習者には、**日常的な生活および家族や友人との外出や小旅行などについてさまざまな話ができる**ようになることが期待されます。まだ十分にそのようなことができない場合は、**マスターテキストを参照しながら、再度、口頭練習やエッセイ作成を**してください。

第4章　各ユニットの内容と指導法

Unit 7 Invitations and Offers（誘う・すすめる・申し出る）

テーマ
☐ ます-形の変化形を使って言語行為をする
①人に物をすすめる
②軽く誘う
③誘う
④積極的に誘う
⑤申し出る

主要文法事項
☐ ます-形の変化形を使って言えること
①コーヒー、**飲みますか**。
②マレーシア語で**話しましょうか**。
③いっしょに**行きませんか**。
④日本語で**話しましょう**。
⑤（紅茶を）**持ってきましょうか**。
☐ 比較
ex. わたしは、コーヒー**より**紅茶**の方が**好きです。

◎指導上のポイント・☆留意点

◎ Unit 6 までの学習で、「～ます」「～ました」「～ませんでした」などの形でさまざまな行為を表現する仕方を勉強しました。本ユニットでは、「～ます」の変化形である「～ますか」「～ませんか」「～ましょう」「～ましょうか」を使って、行為について相手に働きかける表現を勉強します。

☆ 本ユニットのみ例外的に会話の仕方を勉強するようになっています。

◎ Section 1 の Conversations（会話）で各々の表現の仕方を十分に練習してください。一方がリさんで一方が中田さんになって、ペアで会話練習するのも有効です。

◎ Section 1 の会話でしっかり練習した上で、104ページのような会話をペアで練習してください。

◎「勉強しています」「住んでいます」という「～ています」の表現が2つ出てきますが、定型表現としてそのまま指導してください。これらの「～ています」については、GJG の(1)で解説しています。※これらの「～ています」は、**ています-動詞**として、Unit 8 で本格的に学習します。

■ 質疑応答練習（Q&A）の例

Q：中田さんは、どこでリさんに会いましたか。
A：パーティで会いました。
Q：リさんは、コーヒーが好きですか。
A：いいえ、紅茶の方が好きです。
Q：リさんは、紅茶にミルクを入れますか。
A：いいえ、入れません。
　　…以降、続く…

コラム6

ています-動詞について

　「兄は、部屋で音楽を聞いています。」や「妹は、テレビを見ています。」などの「〜ています」は、動作や活動の継続を表しています。しかし、「わたしは、マレーシア語を勉強しています。」や「家族は、マレーシアに住んでいます。」などの「〜ています」は、動作や活動の継続ではなく、単にそのような状態を表しています。これらを英語に翻訳すると、単に、"I study Malaysian language." や "My family lives in Malaysia." のように現在の表現になります。これらの表現は、言ってみれば「〜ています」という言い方で一つの動詞になっているので、本書では**ています-動詞**と呼んでいます。

　Unit 8のマスターテクストでは、さまざまな**ています-動詞**を勉強します。それらの表現は、そのまま勉強し、そのまま覚えるように指導してください。

2 第2期：離陸期（Unit 8 ～ Unit 12）

　助走期で十分に勢いをつけた上で、離陸期に入ります。この期では、助走期に身につけた知識と能力を基盤として、いよいよ動詞の各種の変化形（て-形、た-形、ない-形）を使ったさまざまな表現を伴う言語活動の仕方を学びます。とは言っても、**動詞の活用に焦点を置くのではなく、マスターテクストをモデルとした自己表現活動の学習**に引き続き重点を置いた指導を行ってください。

　第2期からは、先に説明したように**マスターテクストがパラレル・テクスト**（右ページはルビや注釈あり、左ページはなし）になっています。最初は右ページを見ながら学習を進めて、徐々に左ページを使うように指導してください。

Unit 8　My Family（わたしの家族）

[テーマ]
- □ 家族について話す

[主要文法事項]
- □ **ています-動詞**
  ex. 父と母は、マレーシアに**住んでいます**。
- □ **～ています**（動作や活動の継続）
  ex. 男の人は、テレビを**見ています**。

◎指導上のポイント・☆留意点

- ◎ 家族の紹介とそれぞれが何をしているか、どんな人かについて話します。そのような話の中で、「～ています」という形の動詞表現（ています-動詞）と人となりなどを表す形容詞を学習します。技能や特技を表す「～は～が」構文も学習します。その一方で、Section 3（Additional Practice）で、動作の進行を表す「～ています」を勉強します。
- ◎ ています-動詞は、マスターテクストのような人の紹介で典型的に使用されます。人となりなどを言うことを含めて、りさんとあきおさんの家族の紹介を参考にして各自の家族が紹介できるようにしっかり練習してください。
- ◎ Additional Practice（p.115）では、動作の進行を表す「～ています」を勉強します。115ページのイラストでは、1つのイラストの中に男の人と女の人が出ています。各々のイラストを使って、

　　指導者：男の人は、何をしていますか。
　　学習者：テレビを見ています。
　　指導者：女の人は何をしていますか。
　　学習者：音楽を聞いています。　　（p.115の1の場合）

のように質疑応答練習をしてください。指導者主導で練習したら、次にペアを作って学習者同士で同じように練習してください。

- ☆「～ています」については、「見ています」が「ミッテイマス」、「作っています」が「ツクテイマス」のように促音の有無の部分でしばしば発音の誤りが生じます。コラム5で指摘したポイ

ントに注意して正しく発音ができるように指導してください。
◎ 上のようにAdditional Practiceで練習した後で、Verb Inflection（p.116）で、動詞の形の変化を確認してください。115ページのイラストを絵カードにして、

　　指導者：〈男の人〉〈テレビを見ます〉
　　学習者：男の人は、テレビを見ています。
　　指導者：〈女の人〉〈音楽を聞きます〉
　　学習者：女の人は、音楽を聞いています。

のように口頭練習をするのもいいです。

■ **質疑応答練習（Q&A）の例**

Q：リさんの家族は、何人ですか。
A：7人です。
Q：だれとだれですか。
A：お父さんとお母さんとお兄さんとお姉さんと弟さんと妹さんです。
Q：リさんは今日本に住んでいますね。
A：はい。
Q：リさんの家族はどこに住んでいますか。
A：マレーシアに住んでいます。
Q：リさんのお父さんは何をしていますか。
A：小さい会社を経営しています。
　　…以降、続く…

コラム 7

活用や文の変換から間テクスト性へ

　日本語の学習と指導においては、しばしば活用が課題になります。しかし、日本語を使って何かできるようになるために、本当に活用が必要でしょうか。NEJでは、活用や文の変換よりもむしろ**間テクスト性**（intertextuality）のほうが言語の学習と指導と運用において重要だと考えています。間テクスト性というのは、分かりやすく言うと、**他の人の話し方から言葉遣いを「盗み取って」自分の話を組み立てる**ことです。日本語の学習と指導においてそのような作業をすることで、実際の言語運用においてもそのような機能を果たして言語活動に従事することができるというのが、NEJで想定している第二言語習得の基本原理です。それは**当事者視点の第二言語習得観**です。活用や文の変換というのは、具体的な言語活動の文脈から取り出された表現を対比的に並べて形式の変化に注目して言語を見る視線です。そのような視線は、具体的な言語活動の当事者の視線ではありません。

Unit 9　What I Want to Do（わたしのしたいこと）

> **テーマ**
> ☐ 希望や望みを言う
> ☐ 何かをしたことがあるかどうか言う
>
> **主要文法事項**
> ☐ 〜たいですor〜たいと思っています
> 　ex. わたしは、京都の紅葉を**見たい**です。
> 　　　わたしは、秋に、京都に**行きたい**と思っています。
> ☐ 〜たことがあります／〜たことがありません
> 　ex. 父と母は、日本に**来たこと**があります。
> 　　　わたしは、歌舞伎を**見たこと**がありません。

◎指導上のポイント・☆留意点

◎ 新しい夢のある環境や経験の有無などと希望・望みはしばしばいっしょに語られます。本ユニットでは、そのような流れで、「〜たことがあります」と「〜たいです」を勉強します。

◎ 本ユニットで初めて、動詞のた-形が出てきます。しかし、活用練習に重点を置くのではなく、リさんやあきおさんの話を参考にして、各自の経験の有無や希望・望みなどについて話せるように指導してください。た-形の作り方については、GJGの(1)で解説しています。

◎ Verb Inflection（p.129）では、「まだ〜たことがありません。いつか、〜たいと思っています。」という、動詞のた-形とます-形が併存する表現を勉強します。た-形とます-形を活用としてではなく、両方を含む一つの表現の中で丸覚えしようという趣旨です。仮想的なセッティングの中での形式の練習ですので、練習にあたっては、「129ページをあけてください。『〜たことがありません』と『〜たいと思っています』の練習をします。」と宣言して、「わたしの質問に『いいえ』で答えてください。」と言って、テンポよく質疑応答の練習をしてください。質問に対して学習者が、即座にスラスラと「いいえ、まだ…」と言えるようになるまでしっかり練習してください。学習者が即座にスラスラと言えるようになったら、次は、本を閉じさせて、「はい。では、質問します。○○さんは、カラオケに行きましたか。」のように、各々の質問に自分の答えで答える質問-答え練習をしてください。

■ 質疑応答練習(Q&A)の例

Q：日本では、いくつの季節がありますか。

A：4つの季節があります。

Q：何と何ですか。

A：春と夏と秋と冬です。

Q：春は、どんな季節ですか。

A：春は、あたたかいです。

　　…以降、続く…

第2期：離陸期（Unit8～Unit12）

Unit 10 **Rules and Directions**（きまり）

> テーマ
> - □ 指示や注意を与える
> - □ するべきこととしてはいけないことを伝える
> - □ 何かすることを頼む
>
> 主要文法事項
> - □ ～てください
>   ex. 先生の話をよく聞いてください。
>   窓をあけてください。
> - □ ～てはいけません／～てもいいです
>   ex. 山の花や木は、とってはいけません。写真は、とってもいいです。

◎指導上のポイント・☆留意点

◎ 本ユニットでは指示を与えるという文脈で「～てください」と「～てはいけません」と「～てもいいです」を提示しています。一つはハイキングに行くときの注意、もう一つは日本語の授業を受けるにあたっての注意です。それぞれの文脈での典型的な話し方を提示していますので、しっかり朗唱練習をしてください。

◎ Additional Practice（pp.137-138）では、日常的な場面でのさまざまな指示、依頼の表現を勉強します。イラスト・カードを作って、それを見せながら、各々の指示・依頼の表現を覚えるまで練習してください。そして、その練習活動の中で、自然に「見てください」「言ってください」「待ってください」などの表現を使ってください。

　GJGにあるように、「ふつうは、『～てください』ではありません。『～てくれませんか』と言います。」ということを理解させた上で、再度Additional Practiceの(2)と(3)の表現のみ練習してください。

◎ エッセイのテーマは、学習者の実際の状況に合わせて決めてください。例えば、学生であれば、「図書館の使い方」、「コンピュータ・ルームの使い方とマナー」、「学生ラウンジの使い方とマナー」など、一般成人であれば、「外国に行くときの準備や注意」、「電車の中のマナー」などです。エッセイのテーマを学習者に提示するときは、指導者の方で、テーマについて話のタネを提供できるイラストなどを準備して、質疑応答の形で導入してください。

☆ 指示を与えるという文脈では、「～てください」、「～てはいけません」、「～てもいいです」の他に「～ないでください」という表現が使用されています。本ユニットでは、「遅刻しないでください」と「欠席しないでください」という2つの表現のみ含めていますが、原則としては「～ないでください」は使用を避けてください。代わりに「～てはいけません」を使ってください。※動詞のない-形と「～ないでください」は、Unit11で勉強します。

■ 質疑応答練習(Q&A)の例

Q：山に行くときは、何をはきますか。
A：ズボンをはきます。
Q：どんなズボンをはきますか。
A：動きやすいズボンをはきます。
Q：ジーンズは、どうですか。
A：ジーンズはだめです。
　　…以降、続く…

Unit 11 Busy Days and Hard Work（いそがしい毎日とたいへんな仕事）

> テーマ
> □ 義務や仕事について言う
> □ してはいけないことを言う
>
> 主要文法事項
> □ ～なければなりません
>   ex. いろいろな買い物を**しなければなりません**。
> □ ～ないでください
>   ex. 授業は、**休まないでください**。

◎指導上のポイント・☆留意点

◎ 新しい環境に入るとき、または入ったときや、一人での生活を始めたときは、（自分で）しなければならないことがたくさん発生します。本ユニットではそのような状況でしばしば使われる「～なければなりません」を勉強します。

◎ 本ユニットで初めて動詞のない-形を学習することになります。マスターテクストの中にある各種の「～なければなりません」の表現の中でさまざまな動詞のない-形を学習してください。ない-形の作り方については、GJGの(1)で解説しています。

◎ その上で、Additional Practice（p.148）で、「～ないでください」を勉強します。前のユニットで学習した授業に関する注意の中で、「～ないでください」を勉強するようになっています。授業に関する注意ということでひじょうに一般性が高い内容ですので、暗唱できるくらいになるまでしっかり口頭練習をしてください。日常的な生活の中で「～ないでください」ということはほとんどありませんので、「～ないでください」の形を取り立てて学習する必要はありません。

◎ マスターテクストやAdditional Practiceで、十分に勉強してから、Verb Inflection（p.149）に進んでください。この段階では、「～なければなりません」の意味や用法は十分に理解されていると思いますので、端的に「149ページをあけてください。『～なければなりません』で言ってください。」と宣言して、

　　指導者：〈西山先生は書類を書きます〉
　　学習者：（西山先生は）書類を書かなければなりません。
　　指導者：〈リさんはレポートを書きます〉
　　学習者：（リさんは）レポートを書かなければなりません。

のように口頭練習をしてください。そのような練習をした上で教科書を閉じさせて、

　　指導者：日本の家では、くつをぬがなければなりませんか。
　　学習者：はい、ぬがなければなりません。
　　指導者：日本語の授業では、日本語で話さなければなりませんか。
　　学習者：はい、日本語で話さなければなりません。
　　指導者：食堂では、日本語で話さなければなりませんか。
　　学習者：いいえ、中国語で話してもいいです。

のように質問-答え練習をしてください。
◎ Unit10とUnit11の仕上げとして、いろいろな場所でのマナーについて話す練習をしてください。

■ 質疑応答練習（Q&A）の例
Q：リさんは、朝、何をしなければなりませんか。
A：自分で起きなければなりません。そして、朝ごはんを作らなければなりません。
Q：晩ごはんは、どうですか。
A：晩ごはんも、自分で作らなければなりません。
Q：食材は？
A：食材も、買いに行かなければなりません。
　　…以降、続く…

Unit 12 **Things to Notice**（気をつけること）

> テーマ
> □ 望ましい行為を言う
>
> 主要文法事項
> □ ～たほうがいいです
>   ex. 石けんで手を洗ったほうがいいです。
> □ ～たり～たりします
>   ex. 土曜日は、銀行に行ったり、買い物に行ったりします。

◉指導上のポイント・☆留意点

◎ 新しい生活のいそがしさで肉体的にも精神的にも疲れてしまうことがあります。りさんはそんな自分に「少し休んだほうがいいと思います」と助言します。あきおさんと西山先生はそれぞれ、寒い冬を初めて迎える友だち、台風シーズンを初めて迎える学生に、あれこれと助言をします。それぞれのテーマで典型的な話し方を提示していますので、しっかりと口頭練習をしてください。

◎ 「○○に旅行に行く人に対する助言」などのテーマで「～たほうがいいです」を練習するとうまく同表現を使う機会となります。「～たほうがいいです」は、「～なければなりません」と実は言語使用上隣接した表現です。「～たほうがいい」か「～なければならない」かは、あらかじめ決めることはできず、話し手の判断によります。

◎ エッセイのテーマは、「生活する上での助言」、「海外に行くときの助言」、「日本人の友達がわたしの国に滞在するときの助言」などがいいでしょう。

◎ 本ユニットのVerb Inflection（p.160）では、動詞のます-形、て-形、た-形の変化を学習します。本ユニットの段階では、この3つの形がスラスラと言える必要がありますので、「160ページをあけてください。『～ます』『～てください』『～たほうがいいです』の練習をします。『～てください』『～たほうがいいです』を言ってください。」と伝えて、

　指導者：〈漢字で書きます〉
　学習者：漢字で書いてください。
　学習者：漢字で書いたほうがいいです。
　指導者：〈先生に聞きます〉
　学習者：先生に聞いてください。
　学習者：先生に聞いたほうがいいです。

のように練習してください。そして、そのような練習の中で即興（矢印の部分）で、

　指導者：〈日本語で話します〉
　学習者：日本語で話してください。
　学習者：日本語で話したほうがいいです。
→指導者：クラスの友だちと英語で話しますか。
→学習者：いいえ、日本語で話したほうがいいです。

のようなやり取りを織り込んでください。

■ **質疑応答練習（Q&A）の例**

Q：リさんの生活(or毎日)は、どうですか。
A：毎日、とてもいそがしいです。
Q：月曜日から金曜日までは、何をしますか。
A：毎日、学校に行きます。
Q：授業は、週に何コマありますか。
A：12コマあります。
　　…以降、続く…

3 第3期：拡張期（Unit 13 〜 Unit 18）

　vol.2に入り、拡張期と発展期になります。

　Unit 13は、復習的なユニットになっています。このユニットがむずかしいと感じる学習者はvol.1の内容を復習する必要があります。そのような場合は、vol.1後半のユニットのマスターテクストの復習とエッセイ作成のみをしてください。また、vol.2では、読み書きの学習が重要になりますので、**Review of the Basic Kanji**で、**vol.1で学んだ基礎漢字**をしっかり復習し定着させてください。

　Unit 14とUnit 15では、それぞれ「わたしの楽しみ」と「わたしの将来」をテーマとして、動詞の辞書形と普通形を使ってさまざまな内容を表現する活動をします。そして、Unit 16で可能表現、Unit 17で授受表現、続いてUnit 18で動詞＋授受表現というふうに表現世界を拡張していきます。

　いずれのユニットでも、**マスターテクストを参考にしながらしっかりとしたエッセイを書く**ように指導してください。漢字も積極的に使うように指導してください。マスターテクストを十分に参考にしないで学習者がエッセイを書いていて、エッセイに語や文法の誤りが多い場合は、マスターテクストを参考にして自力でエッセイを改善するように指導してください。**書かれたテクストを基にしてそれを自分なりに改編して、また必要に応じて辞書からほしい言葉を拾ってきて、自分のエッセイを書くという学習**は、この時期の学習者の学習方法として特に重要なものとなります。

　vol.2では、各ユニットで、Main Grammar PointsのほかにAdditional Grammar Pointsが出てきます。Additional Grammar Pointsは、マスターテクストでは下線が引いてあります。**Additional Grammar Pointsについては、取り立てて指導をする必要はありません**。これらの事項は、注釈で理解してマスターテクストのコンテクストで学習し、エッセイ作成で使用することを通して習得することができます。

コラム 8
非漢字系学習者の漢字学習の困難について

　非漢字系の学習者（母語で漢字を使っていない学習者）にとっては漢字の学習は、日本語習得上の大きな困難になっています。その困難の重要な部分が字形学習の困難です。つまり、字形を覚えるのがむずかしいということです。字形を覚えるのがむずかしいのは、漢字を部品の集まりとして認識することができないで、全体を一つの図形のように認識して覚えようとするからです。それは漢字を部品の集まりとして認識するように指導されていないことの証拠です。NEJ vol.1のWriting Practice Sheets（書き方練習シート）の20ページから27ページにある初歩50字の練習は、漢字を部品の集まりとして見て学習するための第一歩です。そして、NEJ vol.2のUnit 13の漢字の連鎖（Kanji chain）と漢字の樹形関係（Kanji tree）は、部品や字形の共通性と類似性に基づいて、改めて既習の漢字を復習するための素材です。どんな部品で漢字ができているか指摘しながら、それぞれの漢字がスムーズに書けるようになるようにしっかり指導してください。

Unit 13 My Daily Life（毎日の生活）

テーマ
- □ 日常の生活について話す

主要文法事項
- □ 〜たら①：起き**たら**、すぐに歯をみがきます。
- □ 〜てから：少し勉強して**から**、うちに帰ります。
- □ 〜たら②：10時に学校を出**たら**、12時にうちに着きます。
- □ 〜とき：5時間目の授業がある**とき**は、図書館に行きません。
- □ 〜ながら：新聞を読み**ながら**、朝ごはんを食べます。

◎指導上のポイント・☆留意点

◎ 毎日の生活を話すことについては、すでにvol.1で勉強しています。ここでは、「〜ながら」「〜てから」「〜たら」などの表現を学習して、時間関係を明示しながら毎日の生活について話せるように学習をします。

◎ 本ユニットにはReview of the Basic Kanjiが含まれています。学習者にはKanji chainとKanji treeにある漢字を書き写すように指導してください。そして、正しく書けているか確認をして、正しく書けていない場合は適宜に書き方を指導してください。

日本語のヒミツ

　　　GJGで説明したように、「〜ながら」は英語の「while 〜」と訳すことができるところから、学習者はしばしば、

　　　×　妻がテレビを見ながら、わたしは本を読んでいました。

のような誤用をします。「〜ながら」が使えるのは、「音楽を聞きながら、本を読みました。」のように、同じ人が同時に何かをしながら何かをするという場合だけです。上のような誤用が出てきた場合は、音楽の例のように「同じ人が同じ時に2つのことをします。」と指摘してください。

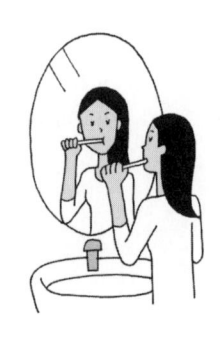

Unit 14 My Recreation （わたしの楽しみ）

[テーマ]
□ わたしの楽しみ

[主要文法事項]
□ 動詞の辞書形
□ 動詞の名詞化：辞書形＋の、辞書形＋こと
　ex. わたしは、**本を読むの**が大好きです。
　　　わたしの趣味は、**写真をとること**です。

◎指導上のポイント・☆留意点

◎ 読書、音楽鑑賞、写真など余暇の楽しみ方や趣味について話します。

◎「〜の」「〜こと」の形で辞書形を勉強します。これまでと同じように、活用には重点を置かず、リさんとあきおさんの話を基にして自分の話ができるように指導してください。辞書形の作り方については、GJGの(1)で解説しています。

日本語のヒミツ

　　名詞節の「〜こと」と「〜の」の使い分けを限られた時間ですっきりと説明することはできません。また、少し複雑な説明をしても、効果がない場合が多いです。GJGの解説のように、本書では、すっきりと構文によって「〜こと」と「〜の」を使い分けることを推奨しています。このように区別しておくことが、現学習段階では、一番有効であると思います。

規則1：「名詞は、〜ことです」と「〜は、〜ことができます」では、「こと」を使う。
　1. わたしの趣味は、**音楽を聞くこと**です。
　2. 妻は、**ピアノをひくこと**ができます。

規則2：「〜は、〜のが〜です」と「〜のは、〜です」では、「の」を使う。
　3. わたしは、**音楽を聞くの**が好きです。
　4. **いい写真をとるの**は、むずかしいです。

　ちなみに、実際には、1と2は「〜の」と言うことはできませんが、3と4は「〜こと」と言うことができます。

　　× 1. わたしの趣味は、**音楽を聞くの**です。
　　× 2. 妻は、**ピアノをひくの**ができます。
　　○ 3. わたしは、**音楽を聞くこと**が好きです。
　　○ 4. **いい写真をとること**は、むずかしいです。

Unit 15　My Future（わたしの将来）

テーマ
- 将来について話す

主要文法事項
- ～つもりです：結婚後も、仕事を続ける**つもりです**。
- ～と思います：大学院で勉強している間は、結婚できない**と思います**。
- 確信の程度
  (1) ～と思います：大学を卒業したら、大学院に進む**と思います**。
  (2) ～だろうと思います／～んじゃないかと思います：
  　　30さいになるまでには、結婚する**だろうと思います**。
  (3) ～かもしれません：博士課程に行く**かもしれません**。
  (4) ～かどうか、（まだ）**分かりません**／～か～か、（まだ）**決めていません**：
  　　博士課程に進むかどうかまだわかりません。

◎指導上のポイント・☆留意点

◎ 将来の話は確定することができませんので、しばしば「～と思います」「～だろうと思います」「～かもしれません」などの表現を伴って話されます。将来のことは意図表明として「～つもりです」というふうに話されることもあります。本ユニットではそのような話し方を勉強します。

◎ また、そうした表現では、動詞の普通形（「～する」「～しない」の形）が使われますので、あわせて学習します。

☆ 確信の程度とあるように、「～と思います」などの表現は確信の度合いを表現しています。絶対的な確信のパーセンテージではなく、相対的な確信の強弱としてこれらの表現を指導してください。

☆ 実際の指導では、いずれの文法事項もあれこれと説明する必要はありません。通常のようにマスターテクストを基に模倣反復練習や質疑応答練習などの口頭練習をして、エッセイを書かせてください。これまでのNEJでの指導経験から言うと、大部分の学習者はマスターテクストでのりさんやあきおさんの話しぶりから「～つもりです」「～と思います」「～だろうと思います」等々の意味や用法を適切に理解して、エッセイで正しく使用します。また、個々の学習者のエッセイでこれらの表現の使用状況を見れば、これらの表現の意味や用法を理解しているかを総合的に判断することができます。エッセイでこれらの表現が正しく使用できていない場合は、マスターテクストの理解が足りないということですので、再度マスターテクストの学習に戻ってください。

Unit 16　Abilities and Special Talents（できること・できないこと）

> テーマ
> □ 能力や特技について話す
>
> 主要文法事項
> □ 可能表現
> 　　ex. わたしは、マレーシア語と中国語が**話せます**。
> 　　　　日本の食べ物は、何でも**食べられます**。

◎指導上のポイント・☆留意点

◎ 本ユニットでは能力や特技について話します。話題として、言語の能力のことと、料理のことを取り上げています。

◎ GJGの(1)で説明しているように、活用動詞のます-形の「-i-ます」（例えば、「話します」「作ります」）を「-e-ます」（例えば、「話せます」「作れます」）に変えるだけで、可能表現ができます。ですから、大部分の学習者にとって本ユニットでの学習は容易です。

◎ 学習者はすでに学習している辞書形を使って「～(する)ことができます」という表現を使うこともあります。可能形を使った可能表現と、「～(する)ことができます」という可能表現の両方を適切に使い分けられるように指導してください。

☆ 可能表現の普通体（「話せる」「書ける」「作れる」など）を取り立てて指導する必要はありません。丁寧体（「話せます」「書けます」「作れます」など）に集中して練習してください。

☆ 可能表現では行為の対象は「～が」で示されます。これまでの文法中心の指導では、以下のように、「～を」が「～が」に変わると指導しました。

　　中国語 **を** 話します
　　　↓
　　中国語 **が** 話せます

　　漢字 **を** 書きます
　　　↓
　　漢字 **が** 書けます

しかし、それよりもむしろ、可能表現では、「中国語ができます」「漢字ができます/上手です」と同じ「～が」が使われると指導したほうがいいです。

第3期：拡張期（Unit13〜Unit18）

Unit 17　Gifts（プレゼント）

> **テーマ**
> ☐ プレゼントをあげたりもらったりした経験について話す
> ☐ プレゼントをあげる計画について話す
>
> **主要文法事項**
> ☐ 授受表現：
> 　(1) **あげる**：
> 　　毎年、クリスマスには、子どもたちにいろいろな物を**あげました**。
> 　(2) **もらう**：
> 　　日本に来るとき、わたしは、いろいろな人からプレゼントを**もらいました**。
> 　(3) **くれる**：
> 　　父は、時計を**くれました**。

◎指導上のポイント・☆留意点

◎「あげる」「もらう」「くれる」という授受の表現を勉強します。

◎ GJGの(1)で説明しているように、「もらう」はすべての「プレゼント等を受ける」行為を表せるのに対し、「プレゼント等を授与する」行為については、「だれかがわたしあるいはわたしの身内にプレゼント等を授与する」場合は「くれる」を使い、それ以外の場合は「あげる」と言います。

◎ マスターテキストの**1**と**2**では、りさんとあきおさんが「いろいろな人からプレゼントをもらった」と話を切り出して、その内訳として、「Aさんは、（わたしに）Xをくれた」「Bさんは、（わたしに）Yをくれた」「Cさんは、（わたしに）Zをくれた」というような話の展開になっています。そして、**3**では、西山先生が子どもたちにいろいろなプレゼントをあげたという話をします。マスターテキストに準じた形で、プレゼントをもらった経験や、プレゼントをあげた経験の話をし、エッセイを書かせてください。マスターテキストに、「あげる」「もらう」「くれる」の典型的な用法が織り込まれていますので、それらの用法を取り立てて説明しなくても、習得できる、つまりエッセイで正しく使えるようになるはずです。

日本語の**ヒミツ**

　　GJGでも解説していますが、ここでも再度、「あげる」「もらう」「くれる」について説明します。端的に、「誰かがプレゼントを受ける」場合は、すべて「もらう」となります。英語では、recieve/getとなります。やっかいなのは、「あげる」と「くれる」です。

　　「あげる」と「くれる」は、いずれも「プレゼントを授与する」こととなりますが、使い方が異なります。両者の使い分けには「ウチ」と「ソト」の関係が関わっています。

　　例えば、家族などの例で言うと、「ウチ」と「ソト」の関係は以下のようになります。

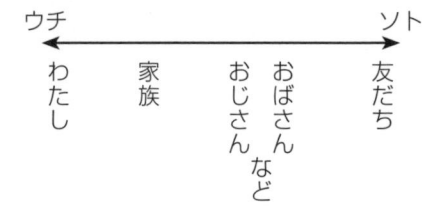

ウチ　←——————————→　ソト
わたし　　家族　　おばさん・おじさんなど　　友だち

そして、プレゼントがウチからソトに授与される場合（⇨）は「あげる」となり、ソトからウチに授与される場合（➡）は「くれる」となります。

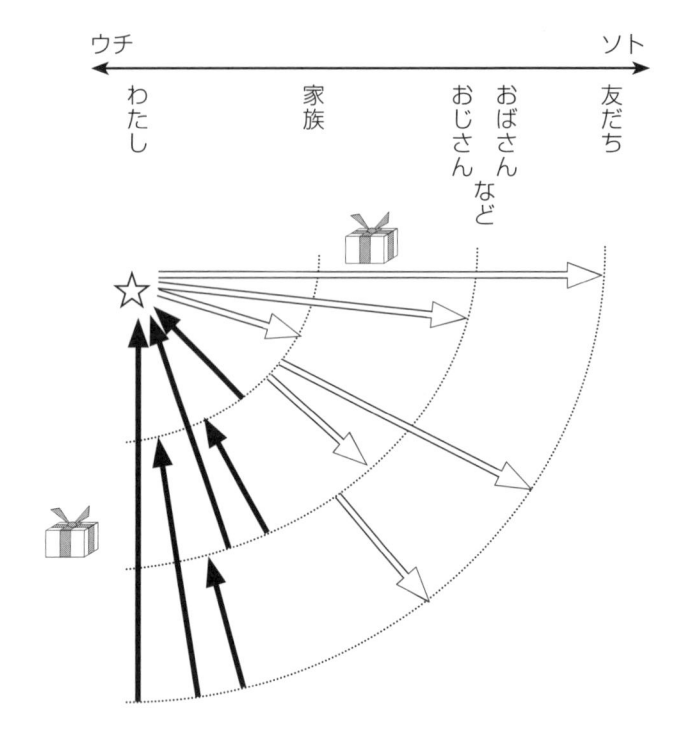

　さまざまなケースで実際に「あげる」と「くれる」のどちらを使っているか確認してください。ただし、「ウチ」と「ソト」の関係は客観的なものではなくて心理的なものなので、一般的には「母は、クラスの友だちに誕生日のプレゼントをあげました。」となりますが、ひじょうに親しい友だちの場合は、「母は、友だちに誕生日のプレゼントをくれました。」となります。

　学習者が、「もらう・あげる・くれる」で混乱している場合は、マスターテクストを再度学習することを勧めます。上のような事情を黒板に書いて説明することもできますが、マスターテクストに準じて「もらう・あげる・くれる」の使用のイメージを習得することが重要です。

第３期：拡張期（Unit13〜Unit18）

Unit 18　Support, Assistance, and Kindness（親切・手助け）

> **テーマ**
> □ 助けてもらった経験や親切にしてもらった経験について話す
>
> **主要文法事項**
> □ 動詞＋授受：
> 　(1) 〜てもらう：
> 　　　国を出るとき、わたしは、いろいろな人に助け**てもらいました**。
> 　(2) 〜てくれる：兄は、大使館にいっしょに行っ**てくれました**。

◎指導上のポイント・☆留意点

◎ Unit 17の授受表現に続いて、「動詞＋授受」の表現を勉強します。授受表現の場合と同じように、❶と❷ではリさんの話として、「いろいろな人に助けてもらいました」と話を切り出し、その内訳として「Aさんは、〜てくれた」「Bさんは、〜てくれた」「Cさんは、〜てくれた」というような展開になっています。❸では西山先生が出張に行くので、同僚の川田先生からいろいろなことを教えてもらったという話になっています。

◎ 日本に住んでいる留学生を含む外国人の場合は、リさんの話に準じてエッセイを書くのが最適です。海外で指導している場合は、西山先生の話にならって、「外国に行くときあるいは外国に行ったときにいろいろな人に助けてもらった」話をするのがいいです。

日本語の**ヒミツ**

　　GJGの(1)で説明したように、「〜てもらう」の文で親切の主体を「〜に」とするか「〜から」とするかは、やっかいな問題です。以下に、GJGで提示した例を挙げます。

1. わたしは、川田先生 ┌ に 　、シドニーのことをいろいろ教えてもらいました。
　　　　　　　　　　　└ から
2. わたしは、川田先生 ┌ に 　、サウスシドニー大学に近いホテルを紹介してもらいました。
　　　　　　　　　　　└ から
3. わたしは、駅の人 ┌ に 　、プリペイドカードの使い方を説明してもらいました。
　　　　　　　　　　└ から
4. 国を出るとき、わたしは、いろいろな人 ┌ に　　助けてもらいました。
　　　　　　　　　　　　　　　　　　　　└ ?から
5. わたしは、兄 ┌ に　　大使館にいっしょに行ってもらいました。
　　　　　　　　└ ×から

　　この問題には、いくつかの複雑な問題が絡んでいます。
　　まず、始めに、そもそも上のような例で「〜から」をよしとするかどうかです。多くの初級日本語教科書では「〜に〜てもらう」しか提示されていません。つまり、「〜から〜てもらう」は端から非文法的とされているわけです。しかしながら、わたしたちの実際の言語生活ではしばしば「〜から」のほうも使っています。
　　次に、上の３つの例文のように「〜から」もOKであるとして、どのように教えるかです。これには以下のような事情が絡んでいます。

(1) 「わたし」を中心として、「(わたしは) 〜に〜てあげる」(親切をする)との対比で「(わたしは) 〜から〜てもらう」(親切を受ける)としておいたほうが、当初は学習者には理解しやすい。
(2) しかし、一部の動詞では「〜から」は非文法的となる。
(3) つまり、「『〜てもらう』の文では親切の主体を『〜に』で示す」と教えたほうがこの部分の助詞の誤用(つまり「〜から」の誤用)を防ぐことができる。

　NEJとしては、当面は、「〜に」か「〜から」かの部分は特に注目しないで、マスターテクストの用法に準じて「〜に〜てもらう」や「〜から〜てもらう」の用法に習熟することを勧めます。そのようにして「〜てもらう」の用法を習得した後に、親切な行為の出拠の示し方については、GJGの(1)のようなルールになることを、GJGを再度読ませるなり、例文を示して解説するなりするのがよいと思います。

4 第4期：発展期(Unit 19 〜 Unit 24)

　発展期では、各種の受身表現、使役表現、使役受身表現などの動詞と補助動詞が複合した表現や、伝聞(〜そうです)、様態(〜そうです)、推量(〜ようです)などの文末表現を学んで、さまざまな視点や立場からの表現力を身につけます。これらの表現は、どちらかというと習得がむずかしい事項ですが、それらを取り上げて文法的に指導するのではなく、やはり**マスターテキストに準拠した形で指導**を進めてください。そのようにすれば、多くの場合で、指導者が介入するまでもなく、**学習者自身が持っている一般的な認知能力が発揮されて言語事項の習得が順調に進みます**。

Unit 19　Visits（訪問）

> **テーマ**
> - □ 助けてあげた経験や親切にしてあげた経験について話す
> - □ 他の人から聞いた話として話を伝える
>
> **主要文法事項**
> - □ 動詞＋あげる：**〜てあげる**
>   ex. わたしは、部屋のそうじを**してあげました**。
> - □ **〜そうです**①：
>   シドニーの北には、大きな動物園がある**そうです**。
> - □ **〜そうです**②：
>   楽しい出張になり**そうです**。

◎指導上のポイント・☆留意点

- ◎ マスターテキスト**1**では、西山先生が川田先生から聞いた話としてシドニーの話をします。そこで、自然と「〜そうです」(伝聞)や「〜そうです」(様態)の表現が使われます。
- ◎ これら2つの「〜そうです」についてはGJGの(1)で解説していますので、学習者にもそちらを参照するように指導してください。適切な文法解説があれば、これらの表現はそれほどむずかしいものではありません。
- ◎ 本ユニットのマスターテキスト**2**では、もう一つの「動詞＋授受」の表現である「〜てあげる」も勉強します。
- ◎ エッセイは、「他の人から聞いた話(**1**)」か、「助けてあげた経験や親切にしてあげた経験(**2**)」をテーマとしてください。

日本語のヒミツ

　「〜てあげる」は、言ってみれば、親切を施すことを明示した言い方です。「先生。かばんを持ってあげましょうか。」のように目上の人に対して親切を施すような話し方をするのは失礼になります。ですから、「〜てあげる」の使い方については、注意が必要です。

Unit 20 Praises, Scoldings, and Requests I Got from Someone Else（ほめられたこと・しかられたこと）

> |テーマ|
> ☐ 親や学校の先生にほめられたりしかられたりした経験について話す
> ☐ 何かするように頼まれた経験を話す
>
> |主要文法事項|
> ☐ 受身表現A：他者の言語的あるいは心的行為を受ける
>   ex. わたしは、父によく**ほめられました**。
>   大学院生のときは、先生からよく仕事を**頼まれました**。
> ☐ **～ように言われました**：
>   姉は、もっと早くうちに帰ってくる**ように言われました**。

◎指導上のポイント・☆留意点

◎ 本ユニットでは、子どものころの話や学生時代の話をするという中で、親や先生に「ほめられた」「しかられた」「～ように言われた」「～を頼まれた」などの受身表現を勉強します。

◎ 子どものころや学生時代などを思い出せるように、指導者がいろいろ話を引き出してください。その後に小グループで話をするのも、エッセイ作成の準備活動としてひじょうに有効です。

☆ 本ユニットは、どの学習者も自分の経験を重ね合わせるのが容易なようで、指導上特段の工夫をしなくても学習者は「自然に」マスターテキストから言葉遣いを「盗み取って」自分の話を作っていきます。

日本語のヒミツ

本ユニットのGJGの(1)にあるように、日本語の受身表現には3つの種類のものがあります。

① **受身表現A**：直接受身と呼ばれる受身表現です。
  a．わたしは、父によくほめられました。
  b．弟はよく母にしかられました。
  c．わたしは、よく先生から仕事を頼まれました。
② **受身表現B**：間接受身と呼ばれる受身表現です。被害の受身と呼ばれることもあります。
  a．道をあるいていると、急に犬にほえられました。（Unit23）
  b．飛行機の中で、女の人に足をふまれました。（Unit23）
③ **受身表現C**：NEJでは「知的受身」と呼んでいます。無生物が主語になる受身表現です。
  a．日本では、昔から日本語が話されています。（Unit24）
  b．漢字は、中国で発明されました。（Unit24）

英語の受身表現では上のCのようなものが基本になりますが、日本語ではむしろAが基本となります。つまり、「XさんはYさんから何らかの働きかけを受けた」というのが基本だということです。本ユニットでは、Aのみ勉強します。そして、BとCは、それぞれUnit23とUnit24で勉強します。

第4期：発展期（Unit19〜Unit24）

Unit 21　Making or Allowing（しつけ(1)）

> **テーマ**
> - □ だれかがだれかに何かを強要したという話をする
> - □ だれかがあなたに何かを強要しようとした、あるいは自由に何かをさせてくれたという話をする
>
> **主要文法事項**
> - □ 使役表現
>   - (1) **誰かに何かをさせる**
>   - ex. 母は兄に、野菜を**食べさせました**。
>   - (2) **誰かに何かを自由にさせる**
>   - ex. 兄は、友だちと外で遊びたかったです。でも、父は、**遊ばせませんでした**。
> - □ 〜(さ)せてくれました：
>   - 母は（わたしに）、何でも**食べさせてくれました**。
> - □ 〜(さ)せようとしました：
>   - 母はわたしに、ピーマンとトマトを**食べさせようとしました**。
> - □ 〜てほしい：
>   - 父は兄に、法律を勉強し**てほしい**と思っていました。

◎指導上のポイント・☆留意点

◎ マスターテキストの❶と❷のリさんの話は、リさんの両親はリさんにはやさしかったが、リさんのお兄さんにはお母さんもお父さんもとてもきびしく、お兄さんが好まないことをいろいろさせたり、好きなことをさせなかったりしたという話になります。マスターテキスト❸のあきおさんの話は、お母さんがあれこれさせようとしたり、好きなことを禁止したりしようとしたが、あきおさんはそれに従わなかったという話です。

◎ マスターテキストの❶と❷は、両親にきびしく育てられたリさんのお兄さんの「自立物語」になっています。2つを合わせるとひじょうに長くなっていますが、一つの物語として、朗唱できるようにしっかり指導してください。マスターテキスト❸は、あきおさんの「抵抗物語」になっています。こちらもあきおさんの気持ちになって話せるようにしっかり練習をしてください。

☆ 使役表現を学習する本ユニットのエッセイでは、何かを強制（あるいは放任）する人を登場させて、その人が他の人にいろいろなことを強制したという話を書くように指導してください。典型的には、「母に×××をさせました。」「父はわたしに×××をさせました。」というような話がよいでしょう。マスターテキスト❸のあきおさんのように「抵抗物語」となる場合もあるでしょう。「わたしは、母に×××さ・せ・られました。」「わたしは、父に×××さ・せ・られました。」というようなパターンにならないように注意して指導してください。そのようなパターン（使役受身）は、次のUnit22で学習します。

☆ 使役と使役受身は、実は同じ事実についての違った観点・立場からの表現となります。つまり、使役は「強要者」を主語とした文、使役受身は「（強制を被った）被害者」を主語とした文です。このポイントに注意して、本ユニットの使役の指導では、自分はそばにいて目撃したというスタンスで、「かわいそうな被害者の話」、「かわいそうだった人の話」をするというかたちで実施してください。

Unit 22 Someone Forces / Allows Me
（しつけ(2)）

テーマ
- □ 何かすることを強要された経験について話す

主要文法事項
- □ 使役受身表現：強制を受ける
  - ex. わたしは、（母に、）野菜を**食べ**させられました。
  - わたしは、（母に、）牛乳をたくさん**飲ま**されました。
- □ 状態・能力・習慣などの変化を表す表現：
  - (1) 状態の変化：〜くなりました／〜になりました
    - ex. 漢字の勉強も、**楽しくなりました**。
    - 本を読むことも**好きになりました**。
  - (2) 能力の変化：〜〈できる〉ようになりました／〜〈できなく〉なりました
    - ex. 漢字を上手に**書けるようになりました**。
  - (3) 習慣の変化：〜(する)ようになりました／〜なくなりました
    - ex. 自分で本を買って、**読むようになりました**。
    - 好きだったマンガは、**読まなくなりました**。

◎ **指導上のポイント・☆留意点**

◎ マスターテキスト**1**は、あきおさんの小学校2年生のときの話で、先生がとてもきびしくて、いろいろなことをさせられたという話です。そして、**2**は西山先生の話で、お母さんがとてもきびしくて、いろいろなことをさせられたという話です。いずれの話も、その人のおかげで、いろいろなことが「できるようになった」という話になります。

◎ あきおさんや西山先生の気持ちになって、各々の物語を味わってください。そして、きびしい親や先生にあれこれさせられたが、そのおかげで今はこうなったという「感謝の物語」を書くように指導してください。

Unit 23 Miserable Experiences（ひどい経験）

テーマ
- □ ひどい経験の話をする

主要文法事項
- □ 受身表現B：他者の物理的な行為を受ける
  - ex. 飛行機の中で、女の人に足を**踏まれました**。
  - 妹は、サイフを**盗まれました**。
- □ 〜（する）と①：道を歩いていると、急に犬にほえられました。

◎指導上のポイント・☆留意点

◎ ひどい経験の話として、受身表現B、つまり一般に間接受身表現（あるいは被害の受身）と呼ばれている表現を勉強します。

◎ 2つのマスターテキストでは、日常的な「ひどい経験」としてしばしば使われる受身表現がほとんど網羅されていますので、マスターテキストを暗唱できるくらいにしっかり口頭練習をしてください。そして、それを参考にして各自のひどい経験の話ができるよう指導してください。

日本語のヒミツ

　　Unit20のGJGで説明したように、日本語の受身表現は、英語などの受身表現とは異なり、「誰かが他の人の行為を受ける・被る」ことを表現するものです。それが基本ですので、受身表現としてはまず最初に、Unit20で、「父にほめられました。」「母にしかられました。」「仕事を頼まれました。」などの受身表現（本書では受身表現Aと呼んでいる）を勉強しました。そのような受身の概念をすでに身につけている学習者にとって、本ユニットで学習する受身表現（一般に間接受身表現あるいは被害の受身と呼ばれているもの、本書では受身表現B）はそれほどむずかしいものではありません。ただし、

　　　a．犬はわたしにほえました。（能動文）
　　　　　↓
　　　b．わたしは犬にほえられました。（受身文）

　　　a．先生はわたしをあてました。（能動文）
　　　　　↓
　　　b．わたしは先生にあてられました。（受身文）

のような文変換練習は決してしないでください。コラム7でも説明したように、言語の習得のためには、活用の練習や文の変換の練習よりも、他の人の話し方から言葉遣いを「盗み取って」自分の話を組み立てる活動をしたほうが有効です。ですから、マスターテキストをよく理解して口頭練習をし、その上で質問-答えの形で、学習者がマスターテキストから言葉遣いを「盗み取って」自分のひどい経験について話せるように誘導してください。

Unit 24 Geography, Linguistics, and Climate
（言語・地理・気候）

> テーマ
> □ 国の地理的な状況や言語的な状況や気候について話す
>
> 主要文法事項
> □ 受身表現C：知的受身
>   ex. 日本では、日本語が**話されています**。
>   日本語では、ひらがなとカタカナと漢字が**使われています**。
> □ ～（する）と②：春になると、あたたかくなります。

指導上のポイント・☆留意点

◎ 本ユニットでは、西山先生が、日本語について及び日本について、少し「講義風」の話をします。そのような中で「知的受身」（人ではなく、モノが主語になる受身。この受身は知的な文章の中でしばしば用いられるものなので、本書では「知的受身」と呼んでいる）の表現を勉強します。

◎ **1**では、「発明されました」や「作られました」のような過去の表現と、「話されています」や「使われています」のような現在の状況を言う表現の両方を学習します。両者の違いは、前者は「いつ（ごろ）、～ましたか」と質問することができるのに対し、後者はそのような質問ができないことに現れています。「漢字は、いつごろ発明されましたか」や、「ひらがなは、いつごろ作られましたか」などの質問をすることで両者の違いを示すことができます。

◎ エッセイは、**2**を参考にして自分の国あるいは好きな国の地理的状況や気候を書くように指導してください。その中で**1**の言語状況の話を含めてもかまいません。

日本語のヒミツ

　すでに習った「～たら」とUnit23と本ユニットで学習した「～（する）と」は、いずれも条件表現と呼ばれます。ですから、学習者から、「「～たら」と「～（する）と」はどう違いますか」という質問が出てくるかもしれません。この学習段階で一番有益な対応は、「迷ったら「～たら」を使ってください。」と教えてあげることです。この対処法で間違ってはいません。Supplementary UnitのGJGで説明しているように「～たら」はオールマイティです。一応そのように理解しておいて安心していろいろな言語活動に従事して、その経験の中で「～（する）と」と「～たら」の微妙な使い分けについての勘を身につけるのが有効な言語習得の道筋です。

5 第5期：中級への橋渡し（Supplementary Unit）

　基礎日本語の学習はUnit24でおおむね終了です。Unit24までの内容をしっかりと身につけることができた学習者は、基礎的な文型・文法事項と語彙と言葉遣いを習得し、さまざまな話題についての日常的な会話に参加でき、それぞれの話題について書いたり読んだりできるようになっているはずです。Supplementary Unitを内容とする第5期は、そのような学習者に対する**中級段階への橋渡し**となります。文法事項の観点では、「～（れ）ば」（条件表現）と「疑問詞（＋助詞）＋～ればいいか」を主要文法事項（Main Grammar Points）として、NEJのUnit24までで未習の日本語能力試験N４の文法事項を学習します。※Supplementary Unitで扱った文型・文法事項については、p.18を参照してください。

　上のような趣旨からSupplementary Unitのマスターテクストは、Unit24までのマスターテクストとは質的にやや異なったものとなっています。まず、Unit24までのマスターテクストでは、主要文法事項（Main Grammar Points）が繰り返し使用されています。これに対し、本ユニットでは、Ｂの**1**のマスターテクストでは主要文法事項が繰り返し使用されていますが、その他の3つのマスターテクストでは主として追加文法事項（Additional Grammar Points）が使用されています。また、最後の総合的な学習という趣旨で、本ユニットの文法事項の他にこれまでのユニットで学習した重要な文法事項を織り込んでマスターテクストを作成しています。そのような結果、長さもこれまでのユニットのマスターテクストの1.5倍から2倍になっています。

　Supplementary Unitのマスターテクストはそのようになっていますので、これまでの学習内容をしっかりと身につけている学習者にとっては、さまざまな事項について「なるほど、習った文型・文法事項はこんなふうにも使うのか」ということを知ることができるテキストとなり、格好の復習材料になります。しかし、その一方で、これまでの学習内容が十分に身についていない学習者にとっては、むずかしくて勉強しにくいテキストとなるでしょう。ですから、後者の学習者の場合は、再度前のユニットの文法練習シートなどを配布してやらせてみて、弱点と判明した事項については、マスターテクストに戻って復習をしてください。その上で、Supplementary Unitの学習に入ってください。

　マスターテクストに含まれている重要な既習文法事項は以下の通りです。

【マスターテクストに含まれる既習文法事項】

以下では、第2期以降のマスターテクストで学習した文法事項が示されています。

※ **主要文法事項は太字で、追加文法事項は下線で示しています。**

※ [　]内に、必要な補足説明と該当するユニットを書きました。

※「〜ています」(Unit8)と「〜て」(Unit13)は既習事項ですが、頻出するので表示しませんでした。

A. 出会い

1 リさん

きのう、音楽を聞き**ながら**キャンパスを歩いてい**たら**、「いっしょに山に行きませんか。」**と** 声を**かけられました**。大学の山の会の人でした。二人のTシャツには
[〜ながら(unit13)]　[〜たら(unit13)]　[引用マーカー(unit19)]　[受身表現(unit20)]

「Daikyo Climbing Team」と書いてありました。工学部4年生の山川あきおさんと、

工学部3年生の田中京子さんでした。

わたしは、山には興味がなかったし、勉強のことが心配だった<u>ので</u>、「山は、
[〜ので(unit16)]

ちょっと…。」**と**断りました。でも、山川さんは、「山に行く**と**、とても気持ちが
[引用マーカー(unit19)]　[〜と(unit24)]

いいですよ。山を歩いて、きれいな景色を見て、おいしい空気を吸う**と**、**元気**
[〜と(unit24)]

になりますよ。勉強のことはちょっと忘れて、山に行きましょう。」と言いました。
[元気になります(unit22)]

2 リさん

「勉強のことはちょっと忘れて」と**言われて**、わたしは、はっとしました。この
[受身表現(unit20)]

1か月間、わたしは勉強のこと**ばかり**考えていました。いつも勉強のことを心配し
[ばかり(unit20)]

ていました。<u>それで</u>、どこにも遊びに行きませんでした。わたしは勉強のことを心
[それで(unit14)]

配しすぎていたのです。

わたしは、「一度も山に**行ったことがない**んですが、だいじょうぶですか。」**と**聞
[〜たことがあります/ありません(unit9)]　[引用マーカー(unit19)]

きました。<u>すると</u>、田中さんは「だいじょうぶです。<u>何も</u> 心配し**なくていいです**
[すると(unit23)]　[何も(unit21)]　[〜なくてもいいです(unit15)]

よ。」**と**言いました。二人はとてもやさし<u>そう</u>でした。そして、さわやかで、とて
[引用マーカー(unit19)]　[様態(unit19)]

もすてきでした。わたしは、山の会に入る**ことにしました。**
[〜ことにしました(unit23のGJG)]

B．新しい世界が始まる

1 リさん

　この1か月は、わたしにとって、苦しい1か月でした。

　勉強がこんなにたいへんだと**思ったことはありません**。中学や高校のときも、勉
[〜たことがあります/ありません(unit9)]
強はたいへんでした。でも、授業をしっかり聞けば、分かりました。そして、いっ
しょうけんめい勉強すれば、試験でいい点をとることができました。**ですから**、
[ですから(unit16)]
何も問題はありませんでした。日本語を勉強し始めた**とき**も、漢字が分かる**ので**、
[何も(unit21)]　　　　　　　　　　　　　　　　　　　　[〜とき(unit15)]　　　　　　　　[〜ので(unit16)]
それほどたいへんではありませんでした。漢字の読み**方**は少しむずかしかったです
[〜方(unit16)]
が、正しい読み方を調べて、それを覚えれば、だいじょうぶでした。いつも、何を
覚えればいいか、はっきりしていました。

　大学の勉強は、ぜんぜんちがいます。大学の勉強は、何を勉強すればいいか、よ
く分かりません。先生も「これを覚えなさい」とはっきり**言ってくれません**。どこ
[〜てくれます(unit18)]
まで勉強すればいいかも、よく分かりません。正しい答えを見つけようとしても、
見つけられません。こんな経験は初めてでした。**ですから**、とても不安でした。
[可能表現(unit16)]　　　　　　　　　　　　　　　　　　[ですから(unit16)]

2 リさん

　最近、少し勉強の仕方が分かりました。「少しずつ分かれば、いい」**という**気持
[〜という(unit19)]
ちになりました。勉強が**きらいになった**わけではありません。これからも勉強し続
[〜になります(unit22)]
けます。でも、「正しい答え」ではなく、いろいろな見方や考え方を勉強しよう
と思います。そして、大学の勉強は、学校の勉強**だけ**ではない**と思います**。友だち
[〜と思います(unit15)]　　　　　　　　　　　　　　　　　　　　　　　　　[だけ(unit13)]
を**作ること**、先輩と**話をすること**、いろいろなことをして**いろいろな人に会うこと**
[辞書形と名詞節(unit14)]
なども、大学時代の大切な勉強だ**と思う**のです。大学時代にいろいろな経験をして
おくことが大切だ**と思います**。

　週末に、わたしは、山川さんや田中さんたちといっしょに山に行きます。わたし
の新しい世界が始まります。

| Supplementary Unit | **Towards the Future**（新しい世界） |

> テーマ
> □ 人生の転機の話をする
> □ 人生の転機について過去を振り返りながら話をする
>
> 主要文法事項
> □ ～(れ)ば：授業をしっかり聞け**ば**、分かりました。
> □ 疑問詞(+助詞)+～(れ)ばいいか：
>   いつも、何を覚えれ**ばいいか**、はっきりしていました。

◎指導上のポイント・☆留意点

◎ vol.1のUnit12で、リさんは毎日の生活に少し疲れた様子で「少し休んだほうがいいと思います。」と言っています。本ユニットのマスターテクストは、Unit12のマスターテクストの続きになっています。本ユニットで、リさんは初めてあきおさんと出会います。

　このユニットを勉強するときは、イントロとして、Unit12のリさんのマスターテクスト（vol.1のp.152）を、音声を聞かせるなり音読させるなりして、内容を思い出す活動をしてください。

　Aのマスターテクストは、山の会とあきおさんたちとの出会いの話です。そして、Bのマスターテクストでは、リさんは中学や高校のときも振り返りながら、大学の勉強や大学での勉強の仕方などについて考え、大学生としての自分の生き方を見つけていきます。

☆ 本ユニットでは、10項目というひじょうに多くの追加文法事項を扱っています。各事項については、GJGで簡潔な解説をしています。授業でこれらを一つひとつ採り上げて学習し練習する必要はありません。他のユニットの場合でも同様ですが、学習者には改めて、予習としてGJGの解説をしっかり読んでおくことを指示してください。そして、授業では、マスターテクストでの使用例をそのまま覚え、リさんの口調をまねてスムーズに言えるようになるということを目標として指導してください。

☆ 本ユニットでは、ユニット学習の最後にエッセイを書くことを要求していません。授業は、主として、マスターテクストについての質疑応答が遅滞なく正確にできるようになることを目標として行ってください。以下に、各マスターテクストの冒頭部分について、質疑応答の仕方の一例を示しますので、参考にしてください。特に、Bの「～(れ)ば」や「疑問詞+助詞+～(れ)ば」に関わる部分の質疑応答の仕方に注目してください。以下では、「～(れ)ば」や「疑問詞+助詞+～(れ)ば」の部分は太字にしています。

　もちろん、質疑応答練習は、マスターテクストの音声を聞きながら、あるいは聞いた上で、実施してください。そして、臨機応変に行ってください。

A．出会い

1 リさん

Q：きのう、リさんは、どこにいましたか。
A：大学にいました。
Q：何をしていましたか。
A：音楽を聞きながらキャンパスを歩いていました。
Q：そうですね。そのとき、誰に声をかけられましたか。
A：大学の山の会の人に、声をかけられました。山川あきおさんと、田中京子さんに声をかけられました。
Q：山川さんと田中さんは、何と言いましたか。
A：「いっしょに山に行きませんか。」と言いました。
Q：二人のTシャツには、何と書いてありましたか。
A：「Daikyo Climbing Team」と書いてありました。
　　…以降、続く…

2 リさん

Q：(山川)あきおさんは、何と言いましたか。
A：「勉強のことはちょっと忘れて」と言いました。
Q：そうですね。それで、リさんは、どうしましたか。
A：はっとしました。ちょっと、びっくりしました。
Q：そうですね。なぜ、はっとしましたか。
A：この1か月間、リさんは勉強のことばかり考えていたからです。そして、「勉強のことはちょっと忘れて」と言われたからです。
Q：そうですね。リさんは、この1か月の間に、どこかに遊びに行きましたか。
A：いいえ、どこにも遊びに行きませんでした。
Q：うちや学校で何をしていましたか。
A：いつも勉強のことを心配していました。勉強のことを心配しすぎていました。
　　…以降、続く…

B．新しい世界が始まる

1 リさん

Q：リさんにとって、この1か月は、どうでしたか。
A：苦しい1か月でした。
Q：なぜですか。
A：勉強がこんなにたいへんなことはなかったからです。

Q：なぜ、勉強がたいへんでしたか。
A：大学の勉強は、**何を勉強すればいいか**、よく分からないからです。**何を覚えればいいか**、はっきりしていないからです。
Q：中学や高校のときの勉強は、たいへんではありませんでしたか。
A：いいえ、たいへんでした。
Q：それで、問題がありましたか。
A：いいえ、(何も)問題はありませんでした。中学や高校の勉強は、**授業をしっかり聞けば**、分かりました。
Q：試験でいい点をとることができましたか。
A：はい、**いっしょうけんめい勉強すれば**、いい点をとることができました。
Q：日本語の勉強はどうでしたか。
A：日本語の勉強は、それほどたいへんではありませんでした。
Q：どうしてですか。
A：漢字が分かるからです。
Q：漢字の読み方は、どうですか。
A：読み方は少しむずかしかったです。でも、正しい読み方を調べて、**それを覚えれば**、だいじょうぶでした。
　　　…以降、続く…

2 リさん

Q：リさんは、最近はどうですか。
A：少し勉強の仕方が分かりました。
Q：それで、どんな気持ちになりましたか。
A：**「少しずつ分かれば、いい」**という気持ちになりました。
Q：リさんは、勉強がきらいになりましたか。勉強をしたくないですか。
A：いいえ、勉強がきらいになったわけではありません。これからも勉強し続けます。
Q：リさんは、中学や高校のときと同じように勉強しますか。同じ仕方で、勉強しますか。
A：いいえ。「正しい答え」ではなく、いろいろな見方や考え方を勉強しようと思っています。
　　　…以降、続く…

第5章 日本語学習指導一般について

本章では、日本語の学習指導一般についてNEJの開発者として考えたことを少しお話ししたいと思います。

1 教師の秘技（アート）から日本語教育のテクノロジーへ

既存の初級日本語教科書はほとんどすべて文型・文法積み上げ方式で作成されています。そしてそのような本を教科書とした教育では、それぞれの文型・文法事項について「教科書を見せないで、直接法（媒介語を使用しないやり方）により、文型・文法事項の導入、練習、応用練習をする」ことが指導者に要求されます。そのような授業を有効に実施することは、初心の指導者や経験の浅い教師にはひじょうにむずかしいことです。つまり、従来の教科書とそれを使った教育では、長年の経験によって培われた教師の秘技（アート）によって教育が支えられている部分が大きいわけです。このような状況では質の高い日本語教育を広く提供することはできません。質の高い教育を広く提供するためには、カリキュラム・教材開発者が**習得するべき内容を指導者が扱いやすいように区分けして、**かつ指導者が**実際の学習指導において割合容易に有効に使うことができる資料＝教材**を用意しなければなりません。これは教育のテクノロジー化です。NEJの開発は、そのような意味での**日本語教育のテクノロジー化**をめざしたものです。

ただし、そのようなテクノロジー化はシステムとリソースと若干の技量によって一定水準の教育の質を保障するだけではなくて、指導者の技量の伸びによって一層有効な教育を可能にするものでなければなりません。NEJの開発にあたってはそうした面も考慮し、指導者の学習指導のテクニックや学習活動のアイデアなどが洗練されると一層有効な教育を実施できるように配慮しました。この点については、再度 4 で論じます。

2 朗唱練習の重要性

第二言語教育のテクノロジー化と言うと、60年代にもてはやされたオーディオリンガル法を思い出す人も多いでしょう。オーディオリンガル法の教科書では主として、暗唱すべきダイアローグと、文作りの操作を自動化するためのパターン・プラクティスの材料が提示されています。その一方で、詳細な語釈と文法説明も添えられています。指導者の役割は、ダイアローグが暗唱できるまで徹底的に口頭練習（模倣記憶練習）をすることと、教科書の練習に準じてキューワードを次から次に出して学習者に該当する文を口頭で瞬時に言わせること（パターン・プラクティス）です。オーディオリンガル法は70年代に日本語教育でも関心を寄せられましたが、伝統的な直接法と相容れない部分が多いのであまり普及しませんでした。

NEJの開発者としては、パターン・プラクティスはあまり有効な指導法とは思いませんが、**口頭での模倣反復練習は基礎段階においてはきわめて重要な練習方法**であると思います。本書では、オーディオリンガル法の模倣記憶練習を部分的に修正した**朗唱練習**というものを提唱しました。**音声素材や指導者の読み上げを何度も模倣して反復練習をすることは初期の語学学習の基本中の基本**であると思います。また、**NEJのマスターテクストのような結束性の強い文章については暗唱**することも初期の言語習得にひじょうに有益であると思います。

3 言語事項の学習から言葉遣いの学習へ

身振り手振りだけで目標言語話者とうまくコミュニケーションができるようになっても、その言語を習得したことにはなりません。外国語を習得するということにはその言語の言葉が使えるようになること、あるいは理解できるようになること、つまり言語事項を習得するということが必ず伴います。これまでの日本語教育の方法では、この「言語事項を習得するということが必ず伴う」ということから直截に「だから基礎段階ではまずは言語事項を学習しなければならない」と考えたわけです。しかしながら、外国語を習得するということには実はもう一つ重要な側面があります。それは、何かを伝えようとするときに**どのような言葉をどのように並べて話すかを知る**という側面、つまり**言葉遣いを知る**という側面です。そして、この言葉遣いというのは、**多種多様な話す局面に対応して相当の量を知っていないとさまざまなコミュニケーションにうまく従事することができません**。外国語を習っても外国語がなかなか話せるようにならないのは、多くの場合、この言葉遣いの側面が十分に扱われていないからです。例えば、日本人の多くは中学・高校の6年間と大学の数年間を通して英語の語彙と文法を相当の量身につけます。おそらく日常的な会話をするためには十分すぎるほどの言語事項を身につけているでしょう。しかしながら、英語を上手に話せる人は少ないです。それは話すときの英語のさまざまな言葉遣いを十分に知らないからです。

NEJでは各ユニットのテーマについて登場人物が話してみせてくれます。各ユニットのSection 1のマスターテクストがそれです。マスターテクストを学習することを通して学習者は、当該のテーマについて言語活動をするときに必要な語彙や文法を知るだけでなく、それらを組み合わせたさまざまな言葉遣いも知ることができます。と言うよりもむしろ、**言葉遣いの中で同時に語彙や文法も知る**と言ったほうがいいでしょう。また、NEJではそれぞれのマスターテクストを自然なものにするために、各々がかなり長いテクストになっています。ですから、NEJのマスターテクストすべてを合わせると相当量のテクストになります。学習者はそうしたテクストを通してきわめて多種多様な言葉遣いを知ることができます。端的に言うと、NEJは**言葉遣いの学習を中心に据えた日本語教科書**だと言うことができます。そして、そこで仮定されている第二言語習得の原理は、コラム7で紹介した**間テクスト性**ということになります。

4 対話原理

あまり詳しくは論じませんが、NEJは対話原理（dialogism）というこれまでの言語観とは異なる言語観に基づいて作成された教科書です。対話原理というのは、ロシアの文学理論家であり言語哲学者であるミハイル・バフチン（1895-1975）という人が提唱した言語観の名称です。対話原理では、従来の言語研究で主な対象とされてきた文ではなく、実際に人と人の間で行われている現実の**ことば行為**つまり**発話**というものに注目します。そして、「あらゆる発話は、それがいかに重大でいかに自己完結しているものであっても、（日常の・文学上の・認識上の・政治上のコミュニケーションという）途切れることのない言語コミュニケーションの一契機にすぎぬもの」（バフチン 1980）で、現実に行われる発話はいずれも、**その前の何かに対する応答であり、それはまたそれが向けられた他者から応答されるものであるという対話性**をその本質的な性質として持っていることを強調します。バフチンによると、「言語が生き、歴史的に生成しつつあるのは、まさに今ここでのこの具体的な言語コミュニケーションの中でです」（バフチン 1980）となります。**具体的なコミュニケーションの中にあること、つまり対話性を有するもの**

として存在することができなくなれば、ことばは死んだ言葉となってしまいます。

　NEJのマスターテキストは、各々のテーマについての**登場人物たちによる学習者への語りかけ**になっています。（架空ではあるが）**登場人物たちは向こうにいて、こちらにいる学習者にことば＝発話を差し向けています。**例えば、Unit 3であきおさんは「わたしは、スポーツが大好きです。特に、サッカーが好きです。よく、友だちとサッカーをします。…」と学習者に語りかけます。このように発話を差し向けられたとき、学習者はもちろん語や文の意味を理解しようとするでしょう。しかし、それらを理解した瞬間に当該の発話は聞き手である学習者の側の「能動的理解の脈絡に移し入れられ」（バフチン 1980）、学習者はそれに対して「対抗の言葉」（バフチン 1980）を探し出そうとします。例えば、以下のような対話が潜在的に展開されます。

　　あきお：　わたしは、スポーツが大好きです。
　　　　学習者：ああ、わたしもスポーツが好きです。バスケットとか、テニスとか、…
　　あきお：　特に、サッカーが好きです。
　　　　学習者：えっ？　サッカー？　わたしは、バスケットが好きです。
　　あきお：　よく友だちとサッカーをします。
　　　　学習者：ああ、わたしもよく友だちとバスケットをします。

　差し向けられたことばに**対抗の言葉**で応えること、それが**対話性**です。そして、そうした対話性の中で**間テクスト性**（コラム7）というもう一つの原理に基づいて学習者は言葉遣いを登場人物たちの話し方から「盗み取って、自分のものとして使い」ます。これを「流用」と言います。NEJを活用した日本語指導では一貫して、こうした**対話性を保持しながら間テクスト性の**原理に基づいて日本語学習を進行させることが期待されています。

　生きたことばとは、音声によって他者に「**挑む**」ことです。「挑まれた」者は同じ種類の言語でそれに**応酬**しなければなりません。基礎日本語の習得は、そのような**ことばの応酬の現場に在って他者の話し方から言葉遣いを流用してかろうじてその応酬を続けること、そしてそのような様態での言葉の応酬に大量に従事すること**で最も有効に達成されます。そして、基礎日本語の指導とは、**学習者をそのような状況に適切にかつ継続的に置くこと、そしてそうした現場にある学習者に必要な援助を適切に差し伸べること**です。

　NEJを活用した日本語指導では、そのような面で指導者の技量が一層向上することが期待されています。ただし、そのような学習活動に入るための準備として、言葉遣いの流用（盗み取る）元を確保するために、❷で説明したような**朗唱練習や暗唱**が必要であることを忘れないでください。

◆ 本 の 紹 介 ◆

▶CEFR（ヨーロッパ言語共通参照枠）について知りたい方

Council of Europe (2001) Common European Framework of Reference for Languages: Learning,Teaching, Assessment. Cambridge University Press.
『外国語の学習、教授、評価のためのヨーロッパ共通参照枠』（吉島茂・大橋理枝訳・編、2004年、朝日出版社）を参照してください。コラム１（p.19）で説明したCEFRの複言語主義という理念の議論から始まって、同共通参照枠の全体が詳細に解説されています。

▶日本語教授法や外国語教授法一般について知りたい方

『日本語教授法を理解する本－歴史と理論編』（西口光一著、バベルプレス）を参照してください。日本語教育の直接法、コミュニカティブ・アプローチ、オーディオリンガル法などが詳しく解説されています。また、外国語教育に関連するさまざまな概念や用語の解説、日本語教育の歴史なども書かれています。

▶日本語の正しい表記を知りたい方

『新しい国語表記ハンドブック』（三省堂）をご参照ください。2136字の常用漢字とそれぞれの読みの基準が示されています。その他にも日本語の正しい書き方の基準が説明されています。

▶文法を改めて体系的に知りたいという学習者への推薦書

『新装版　基礎日本語文法教本』（西口光一著、アルク）を紹介してください。同書は、英語版、中国語版、韓国語版、ポルトガル版の４種類が出版されています。

▶バフチンの対話原理について知りたい方

語学教育に引きつけてバフチンの対話原理について分かりやすく書いた文献は今のところありません。バフチンのことやバフチンの思想一般については、『**バフチン—カーニヴァル・対話・笑い**』（桑野隆著、2011年、平凡社新書）や『**バフチン—〈対話〉そして〈解放の笑い〉　新版**』（桑野隆著、2002年、岩波書店）で知ることができます。バフチンの代表的な著書の一つである『**マルクス主義と言語哲学**』（ミハイル・バフチン著、桑野隆訳、1989年、未來社）では、言語が主題的に扱われていますが、読みやすい本とは言えません。同書については『**言語と文化の記号論**』（ミハイル・バフチン著、北岡誠司訳、1980年、新時代社）という旧訳もあり、そちらのほうが読みやすいですが、残念ながら絶版となっています。大学の図書館などにはたいていあります。同書の英語訳（原著のロシア語からの翻訳）は、"**Marxism and the Philosophy of Language**"（V.N. Volosinov著、1973年、Harverd University Press）です。バフチンの著書については、「著者問題」がしばしば議論されます。同書も英訳では「Volosinov著」となっていますが、一般的にはバフチンの著書と見なされています。

第6章　[補足]　追加的なマスターテキストの作成について

　NEJは、一般成人を対象とした基礎日本語教材です。そして、NEJのマスターテキストは、そのような学習者を念頭に置いて作成されています。具体的には、留学生およびその周辺の人たちが登場します。ですから、マスターテキストの登場人物に自分およびその周辺の人を重ね合わせることができるという意味で、留学生あるいは若い一般成人のための基礎日本語教材としてすばらしくフィットします。その他の学習者、例えば、南米からの日系人の方、技能実習生として日本に来ている若い人たち、日本人の配偶者の方、外国人看護師・介護福祉士候補者として来日した方などを対象とした基礎日本語教育でも、NEJは有効に活用することができます。しかし、一部のユニットについては、対象とする学習者集団向けの追加的なマスターテキストを作成して使用すると、一層有効に学習指導を行うことができると思われます。具体的には、Unit 8（わたしの家族）、Unit11（いそがしい毎日とたいへんな仕事）、Unit13（毎日の生活）、Unit15（わたしの将来）などです。

　以下に、外国人看護師候補者を対象とした日本語教育の場合の追加的なマスターテキストの例を示します。Unit 8（わたしの家族）とUnit15（わたしの将来）で、登場人物はインドネシアのジャカルタから来たフィタさんとします。

1 作成の要領

　追加的なマスターテキストを作成するためには、教育対象の学習者集団について、その背景も含めてよく知っていなければなりません。学習者集団についての知識に基づいて、プロトタイプ的な人物をできるだけ具体的に設定して、その人物について当該のユニットのテーマについてマスターテキストを作成するという手順になります。マスターテキストを作成するときは、ユニット間で事実関係のそごがないように作成してください。

2 ルビや注釈について

　NEJのマスターテキストに準じて、ルビを振り、太字での強調（主要文法事項）や下線（追加文法事項）もつけてください。また、イラストなども添えるとよいでしょう。

　このような独自のマスターテキストを作成することは、指導者が学習者やその背景に関心を持ちよりよく理解するためにも、ひじょうに役に立ちます。ぜひ、いっしょに日本語指導をしている仲間で、そのような作業をしてみてください。

Unit 8 わたしの家族 ➡ 外国人看護師候補者を対象としたマスターテクスト

3 フィタさん

　わたしの家族は、6人です。父と母と兄と姉と妹とわたしです。家族は、みんなジャカルタに**住んでいます**。わたしの家は、ジャカルタから、車で、30分くらいです。小さい村です。

　父は、農業をしています。**お米を作っています**。父は、とてもよく働きます。そして、やさしいです。

　母は、父といっしょに**仕事をしています**。母も、よく働きます。母は、やさしくて明るいです。母は、歌が好きです。そして、ダンスも上手です。うちで、よく歌を歌います。時々、ダンスをします。

　兄は、自動車修理の**仕事をしています**。兄は、子どものときから、バイクや自動車が大好きでした。ですから、今の仕事が好きです。兄は、毎日、バイクで仕事に行きます。兄は、とてもおもしろいです。よく、しゃべります。よく、冗談を言います。まだ、**結婚していません**。

　姉は、**結婚しています**。今、ジャカルタの市内に**住んでいます**。小学校の先生です。姉は、やさしいです。姉とわたしは、よく話をします。お兄さんは、会社員です。農業機械の会社に**勤めています**。子どもが2人います。5さいの女の子と、3さいの男の子です。とてもかわいいです。子どもたちは、日本のアニメが大好きです。

　妹は、高校生です。高校3年生です。毎日、いっしょうけんめい**勉強しています**。とてもまじめです。英語と数学が好きです。よく、インターネットをしています。オーストラリア人の友だちがいます。マレーシア人の友だちもいます。妹は、かわいいです。

Unit 15 わたしの将来 ➡ 外国人看護師候補者を対象としたマスターテクスト

3 フィタさん

　わたしは、インドネシアで看護大学を卒業しました。そして、ジャカルタ市内の病院で、3年間、看護師をしました。日本は、医療も、看護も、レベルが高いです。それで、わたしは、日本で仕事をしたいと思いました。

　今は、赤十字病院で、看護の補助の仕事をしています。そして、国家試験のために、いっしょうけんめい勉強しています。病院の人は、院長先生も、師長さんも、先輩も、みんな、とても親切です。

　仕事は、たいへんです。でも、だいじょうぶです。国家試験の日本語はむずかしいです。漢字も、たくさん覚えなければなりません。でも、がんばりたいです。

　将来は、国家試験に合格して、日本の病院で仕事をしたいと思っています。5年くらいは、日本で仕事をすると思います。その後は、日本で仕事をするか、インドネシアに帰るか、まだわかりません。10年くらい、日本にいるかもしれません。日本の病院で、いろいろなことを勉強したいです。

　将来は、結婚したいです。結婚後も、仕事を続けるつもりです。結婚の相手は、インドネシア人がいいです。でも、日本人でも、いいです。30さいくらいには、結婚するだろうと思います。子どもは、2人くらいほしいです。でも、日本で仕事をしている間は、結婚はむずかしいかもしれません。

第6章 [補足] 追加的なマスターテクストの作成について

資料1　The Gist of Japanese Grammar の日本語訳

Unit 1

(1) 名前の言い方

　　日本語で名前を言うときは、姓を先に言ってそれから名前を言います。姓だけあるいはニックネームだけ言ってもいいです。「～さん」というのは軽い敬語表現になるので、自分の名前や家族の名前を言うときは、使ってはいけません。

(2) 数の数え方

　　日本語で100までの数え方は単純でとても体系的になっています。まず、1から10まで覚えてください。「11」は、「10」と「1」で「11」です。12は10と2で12で、13は10と3で13です。そして、以降一桁の数字を同じようにくっつけて言います。20は「にじゅう」、つまり「に」×「じゅう」です。そして、30から90まで同じようになります。そして、99は「きゅうじゅうきゅう」となります。

Unit 2

(1) 親族呼称

　　「おじいさん」、「おばあさん」、「おじさん」、「おばさん」を呼ぶときは、「祖父」、「祖母」、「叔父」、「叔母」という言い方もあり、フォーマルな場面ではそちらのほうを使ったほうがいいでしょう。しかし、若い人は、フォーマルな場面も含めて「おじいさん」、「おばあさん」、「おじさん」、「おばさん」という言い方の方を好む傾向があります。

(2) 日本の学校システム

　　日本の学校のシステムは6・3・3・4制になっています。つまり、小学校が6年、中学校が3年、高校が3年、そして大学が4年です。小学校と中学校は義務教育です。高校進学率は95％以上で、大学進学率は、2年間の短期大学を含めて、50％以上となっています。

Unit 3

(1) カタカナ語あるいは外来語

　　本ユニットを勉強すればわかるように、日本語ではたくさんカタカナ語あるいは外来語が使われています。カタカナ語の大部分は英語の言葉から来ています。あるいは、英語の原語を省略したり変形したりしています。ぜひ、カタカナ語をたくさん覚えて日本語の語彙を増やしてください。

(2) 日本語の句読法

　　文の最後には必ず「。」を打ってください。忘れないでください。また、名詞修飾節以外の従属節の後ろには「、」を打ってください。接続詞（そして、でも、など）、副詞（ときどき、よく、特に、など）、「～は」と「～も」、そして「～で」「～に」「～を」の後にも「、」を打つことができます。しかしながら、「、」の打ち方についてははっきりとしたルールはありません。

Unit 4

(1) ～は

　　「は」は、主語を表すというよりも、文を超えた話題を表すと考えたほうがいいです。Unit3と本ユニッ

トから引用した以下の例を見てください。

1. わたしは、スポーツが大好きです。特に、サッカーが好きです。(p.35, l 1-2, Unit 3)
2. ごはんのときは、魚とたまごとのりも、食べます。そして、みそしるを飲みます。(p.33, l 3-4, Unit 3)
3. 朝は、いつも、7時半に起きます。そして、朝ごはんを食べます。(p.50, l 1-2, Unit 4)
4. 昼ごはんは、食堂で食べます。友だちといっしょに食べます。(p.50, l 7-8, Unit 4)

(2)「か」と「や」

「か」と「や」はいずれも英語で言うと「or」になります。しかし、この2つの助詞の意味は違います。「か」の場合は「AかB」のように選択肢が明確に限定されています。それに対し、「や」の場合は、選択肢が限定されていないで、むしろ他の選択肢があることを示唆しています。以下の例を見てください。

1. ときどき、1時か2時まで勉強します。(p.53, l 9, Unit 4)
2. そして、1時か2時ごろに、寝ます。(p.54, l 7, Unit 4)
3. ときどき、クロワッサンやベーグルを食べます。(p.32, l 5, Unit 3)
4. りんごやみかんやナシも、好きです。(p.34, l 3, Unit 3)

Unit 5

(1)「あります」と「います」

存在を表す場合に、「あります」と「います」を使います。しかし、両者は異なる主語で使われます。(植物を含む)物の存在を表す場合は「あります」を使い、人や動物や虫などの存在を表す場合は「います」を使います。「あります」と「います」はUnit6で本格的に勉強します。

(2) 〜ではありません ⇒ 〜じゃありません

くだけた会話では、「〜ではありません」はしばしば「〜じゃありません」となります。以下の例を見てください。

わたしは、学生です。先生ではありません。
↓
わたしは、学生です。先生じゃありません。

Unit 6

「行く」「来る」「帰る」の目的を表す「に」

「買い物に行きます」「晩ごはんを食べに行きます」「映画を見に行きます」などの「に」は、「行く」「来る」「帰る」などの移動行為の目的を表します。この表現は以下のようにして作ります。

買い物
　　　　に 行きます
晩ごはんを食べ ~~ます~~
　　　　に 行きます
映画を見 ~~ます~~
　　　　に 行きます
昼ごはんを食べ ~~ます~~
　　　　に うちに帰ります

Unit 7

(1)「〜ています」と「ています-動詞」

　Unit8のSection3（p.115）で勉強するように「〜ています」は普通は当該の動作が進行・継続していることを表します。しかし、あるグループの動詞では「動詞＋ています」で、進行や継続ではなく、習慣的な行為や状態を表します。「わたしは、外国語学部でマレーシア語を**勉強しています**。」や「最近は、日本人もたくさん**住んでいます**。」などがその例です。「わたしは、マレーシア語を**勉強します**。」と言うと、将来にマレーシア語を勉強するという意味になります。これらの「動詞＋ています」はそれ全体で一つの動詞として覚えたほうがいいです。それらの表現は「ています-動詞」と呼ぶのがよいでしょう。Unit8のSection1で「ています-動詞」をたくさん勉強します。

(2)「ここ」と「こ-そ-あ-ど」の体系

　「これ」「それ」「あれ」は指示詞と呼ばれ、さまざまな位置にある物を指し示します。「これ」は話し手自身の近くにある物を指し示し、「それ」は話し相手の近くにある物を指し示します。そして、「あれ」は話し手自身からも話し相手からも遠くにある物を指し示します。もう一つの指示詞として「どれ」があります。「どれ」は、いわばまだ定まっていない物で、英語にすると「which one」となります。以下の会話を見てください。

　　A：**これ**は、だれの本ですか。
　　B：**それ**は、リさんの本です。
　　A：**あれ**は、だれの本ですか。
　　B：西山先生の本です。

　英語で「this place」や「here」となる「ここ」は、別の系列の指示詞の一部になります。以下の表を見てください。

	コ	ソ	ア	ド
物	これ	それ	あれ	どれ
物、人など	この noun	その noun	あの noun	どの noun
場所	ここ	そこ	あそこ	どこ
方向や場所	こっち	そっち	あっち	どっち
方向や場所、人（丁寧な言い方）	こちら	そちら	あちら	どちら
様態	こんな	そんな	あんな	どんな

Unit 8

〜は〜が構文

　既に気がついているかもしれませんが、好き・嫌い、能力、技能などは「〜は〜が構文」で表現されます。以下の例を見てください。

　　1. 兄**は**、いろいろなスポーツ**が**できます。
　　2. 姉**は**、ピアノ**が**上手です。
　　3. 母**は**、花**が**好きです。
　　4. わたし**は**、英語**が**あまりわかりません。

　「〜は〜が構文」は以下のような場合でも使われます。

　　5. 兄**は**、頭**が**いいです。

6. 姉は、かみが長いです。
7. 日本は、車が多いです。

これらの文では「〜は」はトピックを表し、「〜が」はトピックの対象のある側面を表しています。

Unit 9

(1) 動詞のた-形

　本ユニットのSection3と付録の表5にあるように、活用動詞（五段動詞）のた-形は、ます-形を以下のように変形して作ります。

か-line	さ-line	た-line	ま-line	ら-line	わ-line
			n-da ↑	t-ta ↑	t-ta ↑
ki-ta 書いた ↑	話した ↑	ti-ta 持った ↑	mita 読んだ	rita 作った	(w)ita 買った
書きます ki	話します shi (si)	持ちます chi (ti)	読みます mi	作ります ri	買います i (wi)

　Section1のBの(1)で、「〜たことがありません」と「〜たいと思っています」をペアで、スムーズに言えるようになるまで声を出してしっかり練習してください。

(2)「〜たいです」と「〜たいと思っています」

　「〜たいです」は希望を直截に表した表現で、「〜たいと思っています」は少し控えめな言い方です。ですから一般的には、どうかすると子どもっぽい感じになる「〜たいです」よりも「〜たいと思っています」を使ったほうがいいでしょう。

Unit 10

「〜てください」と「〜てくれませんか」と「〜てくださいませんか」

　人に何か頼むときは、「〜てください」ではなく「〜てくれませんか」と言います。それよりもさらに丁寧な言い方は、「〜てくださいませんか」です。

Unit 11

(1) 動詞のない-形

　本ユニットのSection4と付録の表5にあるように、活用動詞（五段動詞）のない-形は、ます-形を以下のように変形して作ります。

か-line	さ-line	た-line	ま-line	ら-line	わ-line
ka 書かない ↑	sa 話さない ↑	ta 持たない ↑	ma 読まない ↑	ra 作らない ↑	wa 買わない ↑
書きます ki	話します shi (si)	持ちます chi (ti)	読みます mi	作ります ri	買います i (wi)

　Section1で出てくるさまざまな「〜なければなりません」とSection3で出てくる「〜ないでください」を、スムーズに言えるようになるまで声を出してしっかり練習してください。

(2)「〜なければなりません」と「〜なくてはなりません」と「〜ないといけません」

「〜なければなりません」の部分は、「〜なくてはなりません」や「〜ないといけません」と言ってもかまいません。くだけた会話で何かしなければならないことを言う場合は、「〜なきゃ」、「〜なくちゃ」、「〜ないと」とも言います。各々、上の3つの省略です

Unit 12

「〜たほうがいいです」と「〜なければなりません」

「〜なければなりません」は必ずそうしなければならない場合です。これに対し、「〜たほうがいいです」はアドバイスや提案をする場合の表現です。少しやわらかく言うためには、「〜たほうがいいです」ではなく「〜たほうがいいと思います」のほうがいいでしょう。

Unit 13

(1)「〜たら①」と「〜てから」

「〜てから」が純粋に「after 〜」に対応するのに対し、「〜たら」は「when one 〜 , one immediately 〜」のような意味になります。以下の例を比較しながら見てください。

1. 起きたら、すぐに歯をみがきます。(p.2, 12-3)
2. ごはんを食べてから、もう一度歯をみがきます。(p.2, 13-4)

(2) 〜たら②

「10時に学校を出たら、12時ごろにうちにつきます。」の「〜たら」は、英語の「when 〜」とも「if 〜」とも訳すことができます。そして、この「〜たら」は、Unit15で勉強する「いい人があらわれたら、結婚したいです。」の「〜たら」の用法と隣接します。

(3) 〜ながら

「新聞を読みながら、朝ごはんを食べます。」のように、「〜ながら」は並行的に行われる行為を示します。「×わたしがテレビを見ながら、妻は本を読んでいました。」とは言いません。そのような場合は、「わたしがテレビを見ている間、妻は本を読んでいました。」となります。

Unit 14

(1) 動詞の辞書形

「ます」を消して、「ます」の前の母音を"u"に変えると、活用動詞の辞書形になります。辞書形というのは、辞書に出てくるときの動詞の形です。以下に、ない-形とます-形と辞書形の対照を示します。

か-line	さ-line	た-line	ま-line	ら-line	わ-line
ka	sa	ta	ma	ra	wa
書かない	話さない	持たない	読まない	作らない	買わない
↑	↑	↑	↑	↑	↑
書きます	話します	持ちます	読みます	作ります	買います
ki	shi (si)	chi (ti)	mi	ri	i (wi)
↓	↓	↓	↓	↓	↓
書く	話す	持つ	読む	作る	買う
ku	su	tsu (tu)	mu	ru	u (wu)

(2) こと vs. の

「こと」と「の」は相互に入れ替えができることが多いですが、いつも入れ替えできるわけではありません。本書では、以下の規則を覚えることを提案します。

規則1：「名詞は、〜ことです」と「〜は、〜ことができます」では、「こと」を使う。
1. わたしの趣味は、**音楽を聞く**ことです。
2. 妻は、**ピアノをひく**ことができます。

規則2：「〜は、〜のが〜です」と「〜のは、〜です」では、「の」を使う。
3. わたしは、**音楽を聞く**のが好きです。
4. **いい写真をとる**のは、むずかしいです。

Unit 15

(1) 名詞修飾節

名詞修飾節は、以下に示すように作ります。名詞の前では、「〜です」や「〜ます」ではなく、普通形が使われることに注意してください。

　　　　　a job that is related to Japan
1. 日本に関係がある 仕事 をしたいと思っています。

　　　　　a robot that is capable of communicating with humans
2. 人間とコミュニケーションができる ロボット を開発したいと思っています。

　　　　　　　　a person who has a job
3. 相手の女性も、仕事をしている 人 がいいです。

(2)（まだ）〜ていません

「（もう）〜しましたか」という質問に対して否定で答えるときは、「（まだ）〜ていません」というふうに答えます。以下の例を見てください。

1. A：お昼ごはん、もう、食べましたか。
　　B：いいえ、**まだ**食べ**ていません**。
2. マレーシアに帰るか、日本で就職するか、**まだ**決め**ていません**。
3. 兄は、**まだ**結婚し**ていません**。

これらの「（まだ）〜ていません」は 'haven't 〜 yet' にほぼ対応します。簡単に「まだです」と答えてもかまいません。

(3) 〜たいと思っています

希望や望みを表現するときは、「〜たいと思います」ではなく「〜たいと思っています」と言ってください。以下に示すように、「〜たいと思います」の用法はひじょうに限られています。

ex. わたしは結婚したいとは思っていません。でも、友だちの結婚式に出たときは、時々、結婚したいと思います。

Unit 16

(1) 動詞の可能形

「ます」の前の母音を 'e' に変えるだけで、活用動詞の可能形（丁寧体）になります。以下の表の、矢印

93

の行を見てください。

	か-line	さ-line	た-line	ま-line	ら-line	わ-line	
	ka	sa	ta	ma	ra	wa	
	書かない	話さない	持たない	読まない	作らない	買わない	
	↑	↑	↑	↑	↑	↑	
⇒	書き<s>ます</s>	話し<s>ます</s>	持ち<s>ます</s>	読み<s>ます</s>	作り<s>ます</s>	買い<s>ます</s>	
	ki	shi (si)	chi (ti)	mi	ri	i (wi)	
	↓	↓	↓	↓	↓	↓	
⇒	書けます	話せます	持てます	読めます	作れます	買えます	polite style
	ke	se	te	me	re	e (we)	
⇒	書ける	話せる	持てる	読める	作れる	買える	plain style

語幹動詞を可能の形にするには、語幹に「～られる」(普通体)や「～られます」(丁寧体)を付けてください。

- 食べる　→　食べられる　→　食べられます
- 見る　→　見られる　→　見られます
- 着る　→　着られる　→　着られます

「帰る」、「入る」、「切る」などは語幹動詞のように見えますが、活用動詞です。

帰ります　　入ります　　切ります
　↓　　　　　↓　　　　　↓
帰れます　　入れます　　切れます
　↓　　　　　↓　　　　　↓
帰れる　　　入れる　　　切れる

「来る」と「する」の可能形は、「来られる」と「できる」です。

(2) ～(する)前

「前」の前では、当該の文の時制にかかわらず、動詞の現在形あるいは非過去形を用います。「結婚する前は、わたしは料理ができませんでした。」では、「結婚する」(過去形の「した」ではなく、現在形の「する」)が使われていたことを思い出してください。

(3) ～なので

「～ので」の前では、「名詞＋です」は「名詞＋な」となります。以下の説明を見てください。

わたしは中国系なので、漢字の意味はだいたいわかります。
　　　　　　↑
わたしは中国系です＋ので

(4) ので vs. から

「～ので」と「～から」はいずれも原因や理由を表します。しかし、「から」は、うまく使わないと、いばっているように聞こえる場合があります。当面は、「なぜ」と尋ねられたときにだけ「～から」を使うのがいいと思います。それ以外のケースでは、「ので」を使ってください。以下の例を見てください。

1. わたしは中国系なので、漢字の意味はだいたいわかります。(正用)

2. ？わたしは中国系ですから、漢字の意味はだいたいわかります。(「から」のこの使い方は話し方によってはいばった感じになります)

3. A：なぜ、漢字の意味がわかりますか。
   B：わたしは中国系ですから。（正用）

(5) ～(する)ようになりました

「結婚してから、料理をするようになりました」のように「～(する)ようになりました」は、何かをし始めたというような意味になります。「～ようになりました」は、Unit22で本格的に勉強します。

(6) 形容詞＋と思います

以下の例を使って、形容詞と「～と思います」の接続の仕方を勉強してください。

☐ い-adjective＋と思います

1. 日本の食べ物は、とても**おいしい**　と思います。
   ↑
   おいしい~~です~~

2. 納豆は、においが**ひどい**　と思います。
   ↑
   ひどい~~です~~

☐ な-adjective＋と思います

1. 日本の食べ物はヘルシー[だ]と思います。
   ↑
   ヘルシー~~です~~

2. 父の写真は、とても**きれい**[だ]と思います。
   ↑
   きれい~~です~~

「名詞＋です」も、な-形容詞と同じように変わります。

☐ Noun-predicate＋と思います (not to appear in the textbook)

1. あしたは銀行は**休み**[だ]と思います。
   ↑
   休み~~です~~

2. 机の上の本は**先生の本**[だ]と思います。
   ↑
   先生の本~~です~~

「～と思います」の用法では、「思います」の主語が省略されることが多いです。「～と思います」を理解するときは、適当な主語を補う必要があります。

1. 日本の食べ物は、とてもおいしいと**わたしは**思います．
2. 日本の食べ物はヘルシーだと**わたしは**思います。

「～と思います」の中の「と」は、引用終わりのマーカーです。

Unit 17

(1) あげる、もらう、くれる

セクション1で勉強したように、「くれる」は誰かが話者あるいはその家族などに何かをプレゼントするときに使うのに対して、「あげる」はそれ以外のプレゼントの行為一般で使います。そして、「もらう」はプレゼントを受けることで一般的に使います。以下の例で復習をしてください。

1. 父は、(わたしに) 時計をくれました。(**1** リさん)
2. 妹の誕生日に、となりの人は妹に絵本を**くれました**。
3. 毎年、クリスマスには、子どもたちにいろいろなものを**あげました**。(**3** 西山先生)
4. わたしは、日本に来るとき、いろいろな人からプレゼントを**もらいました**。(**1** リさん)

「もらう」では、プレゼントの出どころは「に」で表示されることもあります。

5. わたしは、日本に来るとき、いろいろな人にプレゼントをもらいました。

(2) さしあげる、いただく、くださる

「さしあげる」、「いただく」、「くださる」は、授受表現の敬語的表現です。それぞれ、「あげる」、「もらう」、「くれる」に対応します。以下の例を見てください。

1. 本日のお客様には、キーホルダーをさしあげます。
   (cf. あげます)
2. 先生から、先生の本をいただきました。
   (cf. もらいました)
3. 先生は、本をくださいました。
   (cf. くれました)

(3) どれも vs. みんな

「どれも、とてもすてきでした。」の代わりに、「みんな、とてもすてきでした。」と言ってもいいです。「どれも」は物の場合にだけ使いますが、「みんな」は物の場合でも人の場合でも使えます。

Unit 18

(1)「～に～てもらいました」か「～から～てもらいました」か？

「～てもらいました」は他の人から親切を受けることを表現します。本文で勉強した以下の例を見てください。

1. 国を出るとき、わたしは、いろいろな人<u>に</u>助けてもらいました。
2. わたしは、川田先生<u>から</u>、シドニーのことをいろいろ教えてもらいました。

親切の主体が「に」あるいは「から」で示されていることに注目してください。このような文では、「に」は一般的に使うことができますが、「から」の使い方には注意が必要です。以下の例を見てください。

3. わたしは、川田先生 〔に / から〕、シドニーのことをいろいろ教えてもらいました。
4. わたしは、川田先生 〔に / から〕、サウスシドニー大学に近いホテルを紹介してもらいました。
5. わたしは、駅の人 〔に / から〕、プリペイドカードの使い方を説明してもらいました。
6. 国を出るとき、わたしは、いろいろな人 〔に / ?から〕 助けてもらいました。
7. わたしは、兄 〔に / ×から〕 大使館にいっしょに行ってもらいました。

「教える」、「紹介する」、「説明する」のように動詞に「その行為を誰かに向ける」という性質が含まれている場合は「から」を使うことができます。それ以外の場合は、「から」は使うことができません。

(2)「～てくれました」と「～てあげました」

「～は～てくれました」も「～は～てあげました」も、'～ was/were kind enough to ～' または '～ kindly ～' と訳すことができます。本文で勉強した以下の例で復習をしてください。

1. 兄は、大使館にいっしょに**行って**くれました。
2. 弟は、**部屋のそうじをして**くれました。
3. 父と母と兄と弟は、空港まで**送って**くれました。
4. 駅の人は、切符の買い方を親切に**教えて**くれました。
5. 洗濯物があったので、（わたしは）**洗濯もして**あげました。（**2** in Unit 19）
6. 田中さんは、**ゴミも出して**あげました。（**2** in Unit 20）

(3) 親切に教えてくれました

「駅の人は、切符の買い方を親切に教えてくれました。」にある「親切に」は、副詞で、「親切な」というな-形容詞から来ています。同様に、「わたしは、毎朝、早く起きます。」の「早く」は、「早い」といういい-形容詞から来ています。以下の例を見てください。

☐ な-形容詞

親切な	⇨	親切に	親切に教えてくれました。
きれいな	⇨	きれいに	くつをきれいに洗いました。
しずかな	⇨	しずかに	しずかに本を読みました。

☐ い-形容詞

早い	⇨	早く	早く起きます
速い	⇨	速く	漢字を速く書きました
きびしい	⇨	きびしく	きびしく教えました

このような形の副詞は、状態の変化を表すときにも使います。

きれいな	⇨	きれいに	部屋が**きれいに**なりました
好きな	⇨	好きに	アニメが**好きに**なりました
便利な	⇨	便利に	**便利に**なりました
元気な	⇨	元気に	**元気に**なりました
明るい	⇨	明るく	6時ごろ、**明るく**なります
暗い	⇨	暗く	5時ごろ、**暗く**なります
高い	⇨	高く	円が**高く**なりました
安い	⇨	安く	円が**安く**なりました

● Unit 19

(1) そうです① vs. そうです②

このユニットでは、異なる2つの「そうです」を勉強します。「そうです①」は、だいたい 'I heard that ～' というような意味になります。そして、「そうです②」は、'it sounds/looks/smells ～'、'it seems that ～'、'～ seem to ～' などの意味になります。本文で勉強した以下の例を見てください。

☐ そうです①

1. シドニーでは、ライトレールという電車が走っているそうです。
2. （シドニーには、）モノレールもあるそうです。

3. (ライトレールも、モノレールも、)とても便利だそうです。
4. シドニーの北には、大きな動物園があるそうです。

□ そうです②
1. シドニーは、とてもおもしろ~~い~~そうです。
2. 楽しい出張になり~~ます~~そうです。
3. 大川くんは、まだベッドで寝ていました。でも、わりと元気~~です~~そうでした。
4. 大山くんのカゼは、もうなおり~~ます~~そうです。

上の例でわかるように、「そうです①」では普通形を使い、「そうです②」では動詞や形容詞の語幹を使います。

(2) そうです① vs. らしいです

「らしいです」は、'I heard that ～'の意味になるもう一つの表現です。「そうです①」が情報源が特定の人であることを示唆するのに対して、「らしいです」は情報源が多数ある感じになります。ですから、「らしいです」は、'Many people say that ～'というふうに訳したほうがいいかもしれません。

(3) ～てみる

「～てみる」は、当該の行為が試みに行われたことを表します。ですから、「食べてみました」、「飲んでみました」、「読んでみました」などはいずれも英語では単に'tried'というふうになるでしょう。「時間があったら、行ってみたいと思っています。」の「行ってみたい」は、英語では'I want to go and see'のようになるでしょう。

Unit 20

(1) 受身表現

受身表現は、人が他の人の行為を受ける・被るというような意味になります。受けたり被ったりする行為は、心的なことの場合もありますし、言語的なことの場合もあります(受身表現A、Unit20)。また、物理的な行為の場合もあります(受身表現B、Unit23)。他に「知的受身」とでも呼ぶべき表現法があります(受身表現C、Unit24)。「知的受身」では、英語の受身文のように、人ではなく物が文の主語になります。以下の例を見てください。

1. それで、(わたしは)父によく**ほめられました**。(受身表現 A)
2. 弟はよく母に**しかられました**。(受身表現 A)
3. よく先生から仕事を**頼まれました**。(受身表現 A)
4. 道を歩いていると、急に犬に**ほえられました**。(受身表現 B, Unit23 で勉強します)
5. 日本では、昔から日本語が**話されています**。(受身表現 C, Unit24 で勉強します)

(2) ～ように言われました

「～ように言われました」は、端的に'be told to ～'と訳すことができます。これは、「～ように言いました」から派生した受身の表現です。以下の図を見てください。

1. 姉は、もっと早くうちに帰ってくるように(父から)言われました。

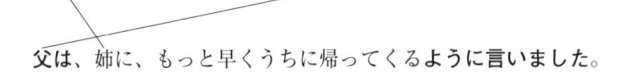

父は、姉に、もっと早くうちに帰ってくるように言いました。

2.（わたしは、）自分の部屋は自分でかたづけるように（母から）言われました。

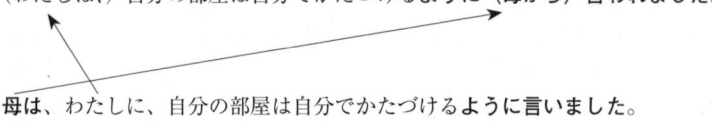

母は、わたしに、自分の部屋は自分でかたづけるように言いました。

Unit 21

(1) 使役表現

　セクション１のテキストを勉強してわかるように、使役表現ではＡさんとＢさんの間の非対象的な力関係が前提となっています。つまり、Ｂさんの行為はＡさんの支配の下にあるということです。ですから、使役表現は、それが使用される文脈によって、'A makes/has B to do something'（強制）の意味になったり、'A allows/permits B to do something'（放任）の意味になったりします。下の例では、お母さん（母）やお父さん（父）がＡさんとなります。本文で勉強した以下の例を見てください。

　　1. 母は兄に、野菜を**食べさせました**。
　　2. 兄は、友だちと外で遊びたかったです。でも、父は、**遊ばせませんでした**。

　使役表現は典型的には他動詞を使って作られます。そして、そのときは、行為を強要される人は「に」で示されます。しかしながら、自動詞を使って作られることもあります。そして、自動詞の場合は、「父は兄**を**、大学に行かせました。」のように「に」の代わりに「を」が使われることが多いです。

(2)「～（さ）せてくれました」と「～（さ）せてくれませんでした」

　「～（さ）せてくれました」は、「～（さ）せる」と「～てくれる」の複合です。「～（さ）せる」は使役表現で、「～てくれる」は、Unit18のGJGで説明したように、'～ is/are kind enough to ～' や '～ kindly ～'などと訳すことができます。ですから、「～（さ）せてくれました」はだいたい '～ was/were kind/generous enough to let me ～' のような意味になります。以下の例を見てください。

　　1.（母はわたしに、）食べたい物は、何でも**食べさせてくれました**。（**1** リさん）。

　「～（さ）せてくれませんでした」は「～（さ）せてくれました」の否定の形です。ですから、意味は、'～ was/were is not kind/generous enough to let me ～' のようになります。以下の例を見てください。

　　2. わたしは、ハンバーガーが大好きでした。でも、母は、（わたしに、）ハンバーガーを**食べさせてくれませんでした**。（**3** あきおさん）
　　3. わたしは、コーラが大好きでした。でも、母は、（わたしに、）コーラを**飲ませてくれませんでした**。（**3** あきおさん）

(3) ～（さ）せようとしました

　「～（さ）せようとしました」は、「～（さ）せる」と「～ようとする」の複合です。「～（さ）せる」は使役表現で、「～ようとします」はだいたい 'try to ～' と訳すことができます。ですから、「～（さ）せようとしました」はだいたい 'tried to force someone to ～' か 'urge someone to ～'（強要）のような意味になります。本文で勉強した以下の例を見てください。

　　1. 母はわたしに、ピーマンとトマトを**食べさせようとしました**。でも、わたしは、食べませんでした。（**3**あきおさん）
　　2. 母はわたしに、牛乳を**飲ませようとしました**。でも、わたしは、飲みませんでした。（**3**あきおさん）

　行為を強要される人は「に」で示されていることに注意してください。

(4) ～てほしいです、～てほしいと思っています

Unit15で勉強したように、「子どもは、2人くらいほしいです」のように「ほしい」は 'want ～' となります。「～てほしい」は 'want someone to ～' という意味です。ですから、「父は兄に、法律を勉強してほしいです。」は 'Dad wants my elder brother to study law.' という意味になります。また、「～てほしい(です)」にはしばしば「～と思っています」が付けられます。それで、「父は兄に、法律を勉強してほしいと思っていました。」は端的に 'Dad wanted my elder brother to study law.' のように訳すことができます。

(5) 何でも vs. 何も

「日本の食べ物は、何でも食べられます。」(Unit16)の中の「何でも」は、'anything' と訳すことができます。そして、「父は、兄に、何も言いませんでした。」の中の「何も」は、だいたい 'nothing' と訳すことができます。以下の例を見てください。

1. a) 日本の食べ物は、**何でも**食べられます。
   b) 日本の食べ物は、**何も**食べられ<u>ません</u>。
2. a) 食べたいものは、**何でも**、食べさせてくれました。
   b) 一日中（all day long）、**何も**、食べさせてくれ<u>ません</u>でした。
3. a) わたしは、したいことが**何でも**できました。
   b) 兄は、したいことが**何も**でき<u>ません</u>でした。
4. a) わたしは妻に**何でも**話します。
   b) 父は、兄に、**何も**言い<u>ません</u>でした。

下線で示したように「何も」の後ろの述部は否定形となることに注意してください。

また、「誰でも」と「誰も」及び「どこにでも」と「どこにも」も同様の関係となります。

5. a) **カップラーメンは、誰でも**作れます。
   b) **誰も**手伝ってくれ<u>ません</u>でした。
6. a) **誰でも**参加することができます。
   b) **誰も**来<u>ません</u>でした。
7. a) コンビニ（convenience store）はどこにでもあります。
   b) きのうは、どこにも行きませんでした。

Unit 22

(1) 使役受身表現

使役表現が 'A makes/has B to do something'（強制）か 'A allows/permits B to do something'（放任）の意味で使われるのに対して、使役受身は端的に 'B is made/forced to do something by A'（強制を受けること）を表します。

活用動詞で使役受身の形を作るときは、動詞をない-形にして「される」を付けます。ただし、「話す」の場合は、ない-形の後ろに、「させる」ではなく「せられる」を付けます。

か-line	さ-line	た-line	ま-line	ら-line	わ-line
書か<u>される</u>	*話<u>せられる</u>	待た<u>される</u>	読ま<u>される</u>	作ら<u>される</u>	買わ<u>される</u>
↑	↑	↑	↑	↑	↑
ka	sa	ta	ma	ra	wa
書かない	話さない	持たない	読まない	作らない	買わない
↑	↑	↑	↑	↑	↑
書きます	話します	持ちます	読みます	作ります	買います
ki	shi	chi	mi	ri	i
	(si)	(ti)			(wi)

語幹動詞の場合は、語幹に「させられる」を付けるだけです。また、「する」と「来る」の使役受身形はそれぞれ「させられる」と「来させられる」です。

行為を強要する人（A）は、「に」で示されます。本文で勉強した以下の若干変更した例を見てください。

1. わたしたちは、先生に、漢字を何回も書かされました。（**1** あきおさん）
2. わたしたちは、先生に、1日に漢字を10個、覚えさせられました。（**1** あきおさん）
3. わたしは、母に、野菜を食べさせられました。（**2** 西山先生）
4. わたしは、母に、牛乳をたくさん飲まされました。（**2** 西山先生）

(2) 状態・能力・習慣の変化の表現

「～（ように）なりました」は、状態や能力や習慣の変化を表現します。以下の例を見てください。

☐ 状態の変化

　　　　　　　　　　　楽しい
　　　　　　　　　　　　↓
1. （先生のおかげで、）漢字の勉強も、楽し<u>く</u>なりました。

　　　　　　　　　　　好きな
　　　　　　　　　　　　↓
2. （先生のおかげで、）本を読むことも、好き<u>に</u>なりました。

☐ 能力の変化

1. （先生のおかげで、）漢字を上手に書ける<u>ように</u>なりました。
2. 母のおかげで、わたしは、何でも食べられる<u>ように</u>なりました。

☐ 習慣の変化

1. 自分で本を買って、読む<u>ように</u>なりました。

　　　　　　　　　　読まない
　　　　　　　　　　　↓
2. 好きだったマンガは、読ま<u>なく</u>なりました。

下線で強調したように形の変化と「ように」が付いたり付かなかったりすることに注意してください。

● Unit 23 ●

(1) ～に：受身表現で問題の被害の原因や加害者を示す

受身表現では、問題の被害の原因や加害者を示すのに、「～に」を使います。本文で勉強した以下の例を見てください。

1. 道を歩いていると、急に犬にほえられました。（**1** リさん）
2. わたしは、飛行機の中で、女の人に足を踏まれました。（**2** あきおさん）

(2) ～てしまいました

「～ていました」が付いても、実質的な意味は変化しません。「～ていました」が付くと、当該の事柄がその人や話し手がどうすることもできなかったというようなニュアンスになります。その結果、「まずいことに」とか「残念なことに」などの気持ちが入ることになります。本文で勉強した以下の例を見てください。

1. 辞書をうちに忘れてしまいました。
2. 寮の階段で転んでしまいました。

(3) ～(する)と①

以下の例の「～(する)と」は、だいたい 'when ～' と訳すことができます。主文の内容は、予期しなかった経験や発見などとなります。

1. 道を歩いていると、急に犬にほえられました。(**1** リさん)
2. カバンをあけると、辞書がありませんでした。(**1** リさん)

次のユニットでは、自然的な因果関係を表現する「～(する)と」(～(する)と②)を勉強します。

(4) ～ようです

「教室に、カがいたようです。」で、リさんは、実際にカを見たわけではないが現にカにさされたのでこのように言っています。「～ようです」はふつう 'it seems that ～' というふうに訳されます。

同じ文脈で、「教室に、カがいたみたいです。」と言うこともできます。「～ようです」はやや改まった感じで、会話では「～みたいです」の方がよく使われます。

「～ような」と「～みたいな」は '～ -like' というような意味の表現です。以下の例を見てください。

1. わたしの彼は、スーパーマンのような人です。
2. モルジブは、天国のようなところです。
3. ドラえもんみたいなロボットがほしいです。

(5) ～(する)ことになりました

「～(する)ことになりました」は、だいたい 'it is decided that ～' というような意味になります。本文で勉強した以下の例を見てください。

1. わたしたちは、別の部屋に移ることになりました。

関連する表現に「～(する)ことにしました」があります。「～(する)ことにしました」は、十分に考慮した結果というニュアンスを伴いながらの '(finally) decided to ～' のような意味になります。次の例を見てください。

2. わたしは、今の彼と結婚することにしました。

Unit 24

(1) ～(する)と②

「～(する)と」は、「自然な」因果関係を表現することが多いです。問題の現象は、自然の現象の場合も、社会的現象の場合も、身体的あるいは心理的な現象の場合もあります。以下の例を見てください。

1. **春になると**、あたたかくなります。(自然現象)
2. **春になると**、サクラの花がさきます。(自然現象)
3. **春になると**、たくさんの人がピクニックやハイキングに行きます。(社会現象)
4. **お酒を飲むと**、顔が赤くなります。(身体的現象)
5. **お酒を飲むと**、歌を歌いたくなります。(心理現象)

日常会話では、「～(する)と」の代わりに「～たら」と言ってもいいです。

*1 春になったら、あたたかくなります。(自然現象)
*2. 春になったら、たくさんの人がピクニックやハイキングに行きます。(社会現象)
*3. お酒を飲んだら、顔が赤くなります。(身体的現象)

(2) 〜が一番〜

「〜が一番〜」の文では、主語が「が」で示されることに注意してください。本文で勉強した以下の若干変更した例を見てください。

1. ゴールデンウィークのころ**が**、一年で**一番**気持ちがいいです。
2. パイナップルとマンゴー**が一番**好きです。(Unit 3, p. 34)

● Supplementary Unit ●

(1) 条件表現：〜れば、〜たら、〜と

一般的には、「〜れば」、「〜たら」、「〜と」の３つが条件表現と呼ばれますが、たいてい 'if 〜' や 'suppose 〜' と訳される「〜れば」が本当の意味での条件表現です。「〜たら」や「〜と」は、むしろ英語の 'when 〜' に対応することが多いです。活用動詞のば-形あるいは条件形の活用を知るためには、付録の表３の"e-form"の列を見てください。

その一方で、「〜れば」、「〜たら」、「〜と」の区別を気にすることなく、話し言葉でも書き言葉でも、「〜たら」はどのような場合にも使えることも覚えておいてください。ですから、当面は、「〜れば」や「〜と」は使わないで、「〜たら」だけを使うのも一つの方法です。

(2) 〜てあります

「〜てあります」は結果の状態を表します。ですから、「書いてあります」は、端的に '〜 is written' と訳すことができます。「書いてあります」は、次の２つのパターンで使われます。

1. 二人のTシャツには「Daikyo Climbing Team」<u>と</u>書い**てありました**。
2. Tシャツには名前<u>が</u>書い**てありました**。

(3) 〜ておきます

「〜てしまいました」と同様に、「〜ておきます」を付けても、実質的な意味は変化しません。単に、その行為が、将来の何らかの便宜のために行われるという含意を添えるだけです。以下の例では、将来の便宜は言葉で明示されています。

1. 夕方、お客さんが来るので、冷蔵庫にビールを冷やし**ておきました**。
2. いろいろな経験は役に立つので、大学時代にいろいろな経験をし**ておく**ことが大切です。

(4) 「〜よ」と「〜ね」

「山に行くと、とても気持ちがいいですよ。」にある「〜よ」は、その内容を確信を持って伝える働きをします。それに対し、「クアラルンプールは、とても大きくて近代的な町ですね。」にある「〜ね」は、聞き手の合意を求めながらやや控えめに内容を伝える働きをします。本文で勉強した以下の例を見てください。

1. 最近は、日本人もたくさん住んでいますね。(p.101(vol.1), l.13)
2. 中田さんは、マレーシアのことをよく知っていますね。(p.102(vol.1), l.1)
3. (その店には) おいしい紅茶もありますし、おいしいケーキもありますよ。(p.102(vol.1), l.11)
4. 山を歩いて、きれいな景色を見て、おいしい空気を吸うと、元気になりますよ。(p.108(vol.2), l.8)
5. 何も心配しなくていいですよ。(p.110(vol.2), l.8)

(5) 何か−何も, 誰か−誰も, 誰かに−誰にも と どこかに−どこにも

「何でも−何も」、「誰でも−誰も」、「どこにでも−どこにも」の対比についてはすでに Unit21 で勉強しました。「何か−何も」、「誰か−誰も」、「誰かに−誰にも」、「どこかに−どこにも」はもう一組の文法的

なペアです。その意味は、おおむね 'anything - nothing'、'anybody - nobody' などに対応します。以下の例を見てください。

1. A：**何か**食べましたか。
   B：いいえ、**何も**食べませんでした。
2. A：**何か**問題がありましたか。
   B：いいえ、**何も**問題はありませんでした。
3. A：**誰か**来ましたか。
   B：いいえ、**誰も**来ませんでした。
4. A：**誰か**に会いましたか。
   B：いいえ、**誰にも**会いませんでした。
5. A：**どこか**に行きましたか。
   B：いいえ、**どこにも**行きませんでした。

(6) ～すぎる

「～(し)すぎる」は、端的に 'do something too much' や 'overdo something' などの意味になります。以下の例を見てください。

1. ちょっと食べ**すぎ**ました。少しお腹がいたいです。
2. ちょっとお酒を飲み**すぎ**ました。少し頭がいたいです。
3. 京都に遊びに行きました。とても楽しかったです。でも、ちょっとお金を使い**すぎ**ました。

「すぎる」の前では、ます-形が使われていることに注目してください。以下の例のように、「～すぎる」の代わりに「～すぎだ」とも言えます。

4. ちょっと食べ**すぎ**です。少しお腹がいたいです。
5. ちょっとお酒を飲み**すぎ**です。少し頭がいたいです。
6. 京都に遊びに行きました。とても楽しかったです。でも、ちょっとお金を使い**すぎ**でした。

(7) 「～んです」か「～のです」

日本人と話していると、「いついきますか。」、「誰と行きますか。」、「何を食べましたか。」、「もう帰りますか。」の代わりに、「いつ行くんですか。」、「誰と行くんですか。」、「何を食べたんですか。」、「もう帰るんですか。」などの「～んです」という表現を耳にすると思います。「～んです」の表現では、実際の内容は変わりませんが、述部の内容はすでに話し手と聞き手の間で共有された事柄なので焦点から外れて、質問の言葉や副詞がはっきりと焦点化されます。ですから、上記の「～んです」の表現は、ほとんど、省略表現である「いつですか。」、「誰とですか。」、「何をですか。」、「もうですか。」と同じとなります。

「一度も山に行ったことがないんですが、だいじょうぶですか。」の中にある「～んですが」は、質問をしたり許可を求めたりする場合に、その背景を説明するものとしてしばしば使われる表現です。例えば、「あした病院に行かなければならないんですが、授業を休んでもいいですか。」などの「～んですが」も同様の使用例です。

「～のです」は「～んです」と同じですが、やや堅苦しい言い方です。ですから、とても堅苦しく話す人や遠慮がちな人が話しているときに耳にするでしょう。

「わたしは勉強のことを心配しすぎていた**のです**。」(p.110)や「…ことなども、大学時代の大切な勉強だと思う**のです**。」(p.114)などの長い話や書かれたものの中での「～んです」は、言いたいことを強調するために使われています。

(8) ～なさい

「～なさい」は、命令を表す後接辞です。「起きなさい」、「食べなさい」、「飲みなさい」、「行きなさい」、

「勉強しなさい」、「覚えなさい」、「寝なさい」などのように、「～なさい」は、動詞のます-形に付けます。

(9) ～ようと思います

「～ようと思います」は、意志や決意の表明で、だいたい 'one has made up one's mind to ～' のように訳すことができます。以下の例を見てください。

 1. あしたから、毎日5時間**勉強しようと思います**。
 2. あしたから、朝6時に**起きようと思います**。そして、ジョッギングをしようと思います。
 3.「正しい答え」ではなく、いろいろな見方や考え方を**勉強しようと思います**。(p.114)

活用動詞を使ってこの表現を作る場合は、動詞を意志形にしなければなりません。活用動詞の意志形の作り方については、付録の表3 (p.124)の "o-form" の列を見てください。以下の例を見てください。

 4. あしたから、毎朝、新聞を**読もうと思います**。
 5. あしたから、毎日、ブログを**書こうと思います**。

(10) ～ようとしても

「～ようとします」は、'try hard to ～' の意味です。以下の例を見てください。

 1. 納豆を**食べようとしました**が、食べられませんでした。
 2. フタを**開けようとしました**が、開きませんでした。

そして、「～ても」は、'even if ～' の意味です。ですから、「～ようとしても」は全体で、'even if one try hard to ～' となります。ですから、「正しい答えを見つけようとしても見つけられませんでした。」は、'Even if I tried hard to find out the right answer, I couldn't find it.' となります。

「～ようとしても」の前には、動詞の意志形が付きます。活用動詞の意志形については、付録の表3 (p.124)の "o-form" の列を見てください。以下の例を見てください。

 3. ロシアのお酒は、**飲もうとしても**、飲めませんでした。

(11) ～わけではありません

「～わけではありません」は、埋め込まれた文を否定するために使われて、だいたい、'it doesn't mean that ～' というような意味になります。以下の例を見てください。

 1. さしみがきらいな**わけではありません**が、あまり食べません。
 2. コンビニのお弁当が好きな**わけではありません**が、ほとんど毎日食べています。
 3. コンサートに行きたくない**わけではありません**。日本ではコンサートのチケットが高いので、
  なかなか行けません。

(12) ～始める、～続ける、～終わる

「～始める」、「～続ける」、「～終わる」は、おおむね、'begin to ～'、'continue to ～'、'finish/complete ～ ing' に対応します。以下の例を見てください。

 1. わたしたちは、6時に晩ごはんを食べ**始め**ました。そして、9時に食べ**終わり**ました。
  そして、晩ごはんの間、ずっと話し**続け**ました。

「～続く」は、'continue to ～' となるもう一つの表現です。しかし、「～続く」は「降り**続き**ます」でのみ使われます。

 2. 6時に、雨が降り始めました。そして、雨は朝まで降り**続き**ました。(～続く)
 3. 日本語を勉強する人は、増え**続け**ています。(～続ける)

資料2　学習漢字リスト

							Unit 4	一 [1]	二 [2]	三 [3]
十 [4]	土 [5]	口 [6]	古 [7]	日 [8]	目 [9]	中 [10]	車 [11]	山 [12]	川 [13]	Unit 5
月 [14]	円 [15]	人 [16]	大 [17]	火 [18]	八 [19]	分 [20]	父 [21]	小 [22]	少 [23]	水 [24]
木 [25]	本 [26]	Unit 6	見 [27]	先 [28]	生 [29]	年 [30]	毎 [31]	子 [32]	友 [33]	五 [34]
万 [35]	六 [36]	七 [37]	九 [38]	Unit 7	上 [39]	下 [40]	白 [41]	百 [42]	千 [43]	四 [44]
西 [45]	今 [46]	金 [47]	男 [48]	女 [49]	母 [50]	Unit 8	兄 [51]	姉 [52]	弟 [53]	妹 [54]
会 [55]	社 [56]	仕 [57]	事 [58]	学 [59]	校 [60]	高 [61]	語 [62]	国 [63]	外 [64]	銀 [65]
行 [66]	来 [67]	明 [68]	元 [69]	気 [70]	Unit 9	道 [71]	家 [72]	春 [73]	夏 [74]	秋 [75]
冬 [76]	京 [77]	都 [78]	休 [79]	近 [80]	思 [81]	食 [82]	聞 [83]	新 [84]	Unit 10	花 [85]
自 [86]	電 [87]	話 [88]	英 [89]	手 [90]	動 [91]	歩 [92]	走 [93]	持 [94]	使 [95]	着 [96]
帰 [97]	長 [98]	楽 [99]	同 [100]	好 [101]	安 [102]	全 [103]	Unit 11	朝 [104]	晩 [105]	買 [106]
物 [107]	勉 [108]	強 [109]	起 [110]	作 [111]	読 [112]	書 [113]	出 [114]	後 [115]	Unit 12	曜 [116]
週 [117]	時 [118]	間 [119]	洗 [120]	濯 [121]	雨 [122]	風 [123]	台 [124]	窓 [125]	転 [126]	天 [127]
入 [128]	乗 [129]	早 [130]	Unit 13	半 [131]	授 [132]	業 [133]	図 [134]	館 [135]	研 [136]	究 [137]
室 [138]	実 [139]	験 [140]	発 [141]	表 [142]	準 [143]	備 [144]	始 [145]	終 [146]	暗 [147]	遅 [148]

Unit 14	音 149	映 150	画 151	趣 152	味 153	写 154	真 155	結 156	婚 157	族 158
妻 159	曲 160	当 161	飲 162	習 163	Unit 15	専 164	門 165	工 166	部 167	卒 168
院 169	言 170	理 171	解 172	進 173	性 174	決 175	続 176	Unit 16	系 177	私 178
立 179	漢 180	字 181	意 182	料 183	最 184	方 185	何 186	前 187	得 188	Unit 17
計 189	親 190	戚 191	誕 192	夜 193	彼 194	形 195	絵 196	Unit 18	荷 197	屋 198
空 199	港 200	駅 201	説 202	地 203	市 204	内 205	助 206	伝 207	送 208	運 209
切 210	初 211	Unit 19	席 212	僚 213	北 214	園 215	種 216	類 217	張 218	住 219
教 220	寝 221	便 222	利 223	Unit 20	論 224	文 225	客 226	通 227	訳 228	輩 229
世 230	代 231	酒 232	関 233	係 234	頼 235	誘 236	次 237	Unit 21	野 238	菜 239
牛 240	乳 241	成 242	績 243	法 244	律 245	経 246	済 247	体 248	絶 249	対 250
Unit 22	声 251	記 252	算 253	練 254	塾 255	魚 256	覚 257	遊 258	短 259	速 260
回 261	度 262	Unit 23	犬 263	辞 264	足 265	階 266	段 267	末 268	旅 269	盗 270
忘 271	答 272	止 273	待 274	受 275	取 276	痛 277	変 278	急 279	別 280	Unit 24
昔 281	海 282	町 283	梅 284	季 285	節 286	葉 287	赤 288	黄 289	色 290	降 291
知 292	暑 293	寒 294	細 295	簡 296	単 297	苦 298	約 299	以 300		

資料2 学習漢字リスト

資料 3　イラスト索引（付属イラスト集（CD-R）対応）

付属 CD-R では『NEJ』vol.1、vol.2 で掲載しているイラストを収録しております。

● イラスト（計 613 枚）
　　NEJ［vol.1］444 枚
　　NEJ［vol.2］128 枚
　　NEJ［vol.1］Hiragana Writing Practice Sheets　41 枚

● 索引項目

1) イラスト一覧 p.110

　　すべてのイラストの一覧表です。

　　【凡例】

00-01	01-03	B-01
りさん	ロボット	あい

Unit番号 - Unit内の通し番号
　S…Supplementary Unit
　B…別冊（Hiragana Writing Practice Sheets）

イラストの名前
※リストによって名前が変わります。

2) ユニット別リスト p.120

　　各ユニットに掲載されているすべてのイラストを、登場する順番で並べたものです。

　　　vol.1…Personal Narratives、Useful Expressions 等のイラスト。

　　　vol.2…Personal Narratives、Summary of the Main Grammar Points のイラスト。

　　　※表内、=======で Personal Narratives と Useful Expressions/Summary of the Main Grammar Points での掲載を区切っています。

3) 文型別リスト p.127

　　各ユニットの Main Grammar Points を中心に、文型練習で使えるイラストを並べたものです。

4) 品詞別リスト p.134

　　下記の品詞別に使えるイラストを、ユニット順に並べたものです。

　　　動詞／い形容詞／な形容詞／名詞

5）**カテゴリー別リスト** p.140

練習や活動の際に使えるイラストを、カテゴリー別に並べたものです。

呼称／職業／性格・能力／家事／食べ物・料理／飲み物／衣類・装飾品／日用雑貨／
文具／食器／電化製品／お金／位置／場所／乗り物・乗り場／スポーツ／音楽／季節／
祝日・レジャー／日本文化／動物

6）**五十音順リスト** p.143

すべてのイラストを五十音順に並べたものです。

● 付属 CD-ROM について

1) 基本的な使い方

CD-ROM をパソコンの CD-ROM ドライブに入れて、[NEJ_illustration] をダブルクリックします。フォルダ名に従って目的のイラストを探し、印刷してください。

イラストは、基本的にハガキサイズ（100 × 148mm）で使用できる大きさになっています。それ以上の拡大使用も可能ですが、鮮明に印刷できないことがあります。

2) CD-ROM 内のフォルダ

各イラストは、以下のフォルダ内に入っています（[ ] はフォルダ名。後ろはイラスト番号）。

[vol.1]	[00]	00-01 〜 00-17	[07]	07-01 〜 07-07
	[01]	01-01 〜 01-21	[08]	08-01 〜 08-24
	[02]	02-01 〜 02-37	[09]	09-01 〜 09-30
	[03]	03-01 〜 03-82	[10]	10-01 〜 10-38
	[04]	04-01 〜 04-54	[11]	11-01 〜 11-08
	[05]	05-01 〜 05-52	[12]	12-01 〜 12-25
	[06]	06-01 〜 06-48	[Bes]	B-01 〜 B-41
[vol.2]	[13]	13-01 〜 13-07	[20]	20-01 〜 20-11
	[14]	14-01 〜 14-09	[21]	21-01 〜 21-15
	[15]	15-01 〜 15-14	[22]	22-01 〜 22-08
	[16]	16-01 〜 16-07	[23]	23-01 〜 23-10
	[17]	17-01 〜 17-09	[24]	24-01 〜 24-08
	[18]	18-01 〜 18-12	[Sup]	S-01 〜 S-09
	[19]	19-01 〜 19-09		

イラスト一覧

No.	ラベル	No.	ラベル
00-01	りさん	00-02	あきおさん
00-03	西山先生	00-04	あさこさん
00-05	中田君	00-06	西山先生・講義
00-07	開けてください	00-08	見てください
00-09	聞いてください	00-10	言ってください
00-11	読んでください	00-12	おはようございます
00-13	ありがとうございます	00-14	すみません
00-15	いただきます	00-16	おいしいですか
00-17	ごちそうさま	01-01	工学部
01-02	〜から来ました	01-03	ロボット
01-04	万国旗	01-05	エッフェル塔
01-06	日本地図	01-07	雪まつり
01-08	七夕まつり	01-09	米
01-10	スカイツリー	01-11	ディズニーランド
01-12	ベイブリッジ	01-13	富士山
01-14	自動車	01-15	五重塔
01-16	たこ焼き	01-17	ハーバード
01-18	桃太郎	01-19	厳島神社
01-20	ラーメン	01-21	シーサー
02-01	りさんの父	02-02	りさんの母
02-03	りさんの兄	02-04	りさんの姉
02-05	りさんの妹	02-06	りさんの弟
02-07	紹介するりさん	02-08	あきおさんの父
02-09	あきおさんの母	02-10	あきおさんの兄
02-11	あきおさんの姉	02-12	あきおさんの妹
02-13	紹介するあきおさん	02-14	西山先生の奥さん
02-15	西山先生の上の子	02-16	西山先生の下の子
02-17	説明するりさん	02-18	父方の祖父
02-19	父方の祖母	02-20	母方の祖父
02-21	母方の祖母	02-22	父方のおじ
02-23	父方のおば	02-24	母方のおじ
02-25	母方のおば	02-26	父

資料3 ■ イラスト索引 ■ イラスト一覧

02-27	02-28	02-29	02-30	02-31	02-32	02-33	02-34
母	兄	姉	弟	妹	医者	弁護士	会計士
02-35	02-36	02-37	03-01	03-02	03-03	03-04	03-05
公務員	社長	主婦	朝ご飯（洋食）	朝ご飯（和食）	紅茶	コーヒー	山登り
03-06	03-07	03-08	03-09	03-10	03-11	03-12	03-13
パン	サラダ	フルーツ	ヨーグルト	トースト	ベーグル	クロワッサン	サンドイッチ
03-14	03-15	03-16	03-17	03-18	03-19	03-20	03-21
ごはん	魚	たまご	のり	すし	さしみ	焼き魚	肉
03-22	03-23	03-24	03-25	03-26	03-27	03-28	03-29
牛肉	ぶた肉	とり肉	みかん	りんご	バナナ	キウイ	パイナップル
03-30	03-31	03-32	03-33	03-34	03-35	03-36	03-37
マンゴー	ナシ	モモ	カキ	クッキー	チョコレート	シュークリーム	アイスクリーム
03-38	03-39	03-40	03-41	03-42	03-43	03-44	03-45
みそしる	スープ	牛乳	オレンジジュース	コーラ	ソフトドリンク	お酒	水
03-46	03-47	03-48	03-49	03-50	03-51	03-52	03-53
ミネラルウォーター	ビール	ワイン	ウィスキー	日本酒	しょうちゅう	チューハイ	食べます

03-54	03-55	03-56	03-57	03-58	03-59	03-60	03-61
飲みます	作ります	見ます	聞きます	サッカー	テニス	バドミントン	バスケットボール
03-62	03-63	03-64	03-65	03-66	03-67	03-68	03-69
バレーボール	野球	卓球	水泳	ジャズ	クラシック	ロック	ラテン
03-70	03-71	03-72	03-73	03-74	03-75	03-76	03-77
ポップス	1円	5円	10円	50円	100円	500円	1000円
03-78	03-79	03-80	03-81	03-82	04-01	04-02	04-03
2000円	5000円	1万円	札束	スーパーマーケット	自転車で行きます	友達と食べます	図書館に行きます
04-04	04-05	04-06	04-07	04-08	04-09	04-10	04-11
電車で行きます	ジョギング	お弁当を食べます	ハンバーガー	カップラーメン	パソコン	家族と食べます	ドラマを見ます
04-12	04-13	04-14	04-15	04-16	04-17	04-18	04-19
本を読みます	朝・昼・夜	昼ご飯	学校に行きます	お風呂に入ります	7時に起きます	9時に始まります	電車で行きます
04-20	04-21	04-22	04-23	04-24	04-25	04-26	04-27
パソコンで見ます	図書館で読みます	～から～まで	～か～	起きます	寝ます	行きます	帰ります
04-28	04-29	04-30	04-31	04-32	04-33	04-34	04-35
始まります	終わります	勉強します	仕事をします	新聞を読みます	ニュースを見ます	お弁当を買います	お風呂に入ります

04-36	04-37	04-38	04-39	04-40	04-41	04-42	04-43
メールをチェックします	学校	会社	駅	銀行	郵便局	図書館	食堂
04-44	04-45	04-46	04-47	04-48	04-49	04-50	04-51
研究室	会議	研究	電車	地下鉄	バス	モノレール	自転車
04-52	04-53	04-54	05-01	05-02	05-03	05-04	05-05
タクシー	歩いて	うち	楽しみます	イタリアンの店	親切なお店の人	彼女と食べます	注文します
05-06	05-07	05-08	05-09	05-10	05-11	05-12	05-13
料理を作ります	お金を払います	魚	野菜	前菜	メイン	デザート	肉料理
05-14	05-15	05-16	05-17	05-18	05-19	05-20	05-21
魚料理	焼き肉	焼きそば	焼き鳥	お好み焼き	ナシゴレン	野菜炒め	エビのニンニク炒め
05-22	05-23	05-24	05-25	05-26	05-27	05-28	05-29
すき焼き	天ぷら	しゃぶしゃぶ	ピザ	パスタ	リゾット	グラタン	チーズケーキ
05-30	05-31	05-32	05-33	05-34	05-35	05-36	05-37
プリン	ティラミス	タピオカミルク	いろいろな国	いろいろな料理	すてきな店	親切な人	上手な人
05-38	05-39	05-40	05-41	05-42	05-43	05-44	05-45
小さい店	大きい店	安い店	高い店	おいしい店	楽しい時間	いい時間	古いパソコン

資料3 イラスト索引 ■ イラスト一覧

05-46	05-47	05-48	05-49	05-50	05-51	05-52	06-01
新しいパソコン	近いです	遠いです	黒いソース	白いソース	あまいもの	からいもの	ショッピングモール
06-02	06-03	06-04	06-05	06-06	06-07	06-08	06-09
本屋で会います	映画館	彼女を送ります	シャツ	ポロシャツ	Tシャツ	ブラウス	ジーンズ
06-10	06-11	06-12	06-13	06-14	06-15	06-16	06-17
パンツ	スカート	セーター	カーディガン	ジャンパー	ジャケット	コート	スーツ
06-18	06-19	06-20	06-21	06-22	06-23	06-24	06-25
ワンピース	くつ	スニーカー	ブーツ	ポーチ	ピアス	イヤリング	リング
06-26	06-27	06-28	06-29	06-30	06-31	06-32	06-33
時計	ブレスレット	手ぶくろ	マフラー	ボールペン	シャーペン	消しゴム	食器
06-34	06-35	06-36	06-37	06-38	06-39	06-40	06-41
グラス	カップ	ナイフ	スプーン	フォーク	つかれました	おなかがすきました	前・中・隣・横・奥
06-42	06-43	06-44	06-45	06-46	06-47	06-48	07-01
店に入ります	店を出ます	バスに乗ります	バスを降ります	おもしろい	おもしろくない	おもしろくなかった	飲みますか
07-02	07-03	07-04	07-05	07-06	07-07	07-08	08-01
クアラルンプール	店があります	ケーキ	会いましょうか	山が見えます	あれ	これ・それ	やさしいです

資料3 イラスト索引 ■ イラスト一覧

08-02 きびしいです	08-03 頭がいいです	08-04 おもしろいです	08-05 きれいです	08-06 かわいいです	08-07 やさしくて明るい	08-08 明るくて元気です	08-09 まじめです
08-10 サッカーが上手です	08-11 サッカーが下手です	08-12 料理が上手です	08-13 料理が下手です	08-14 スポーツができます	08-15 英語ができます	08-16 見て・聞いています	08-17 読んでいます
08-18 パソコン・話をしています	08-19 飲んでいます	08-20 仕事・勉強をしています	08-21 食べて・洗っています	08-22 作って・遊んでいます	08-23 座って・立っています	08-24 待っています	09-01 花見
09-02 旅行	09-03 ドライブ	09-04 テント	09-05 パソコン・プリンター	09-06 春	09-07 夏	09-08 秋	09-09 冬
09-10 あたたかいです	09-11 あついです	09-12 すずしいです	09-13 さむいです	09-14 サクラ	09-15 紅葉	09-16 雪	09-17 夏休み
09-18 冬休み	09-19 春休み	09-20 ゴールデンウィーク	09-21 クリスマス	09-22 お正月	09-23 カラオケに行きます	09-24 着物を着ます	09-25 歌舞伎を見に行きます
09-26 相撲を見に行きます	09-27 日本酒を飲みます	09-28 ジャズを聞きます	09-29 マンガを読みます	09-30 アニメを見ます	10-01 ヘッドライト	10-02 ゴミ袋に入れます	10-03 山登りをしましょう
10-04 おかし	10-05 シャツを着ます	10-06 シャツをぬぎます	10-07 ズボンをはきます	10-08 ズボンをぬぎます	10-09 くつをはきます	10-10 くつをぬぎます	10-11 ぼうしをかぶります

115

10-12	10-13	10-14	10-15	10-16	10-17	10-18	10-19
ぼうしをとります	持っていきます	持って帰ります	電話	電子辞書	書いてください	話してください	調べてください
10-20	10-21	10-22	10-23	10-24	10-25	10-26	10-27
待ってください	窓をあけてください	窓をしめてください	ドアをあけてください	ドアをしめてください	電気をつけてください	電気をけしてください	テレビをつけてください
10-28	10-29	10-30	10-31	10-32	10-33	10-34	10-35
テレビをけしてください	エアコンをつけてください	エアコンをけしてください	ブラインドをあけてください	ブラインドをおろしてください	水を出してください	水を止めてください	手伝ってください
10-36	10-37	10-38	11-01	11-02	11-03	11-04	11-05
教えてください	持ってきてください	塩をとってください	携帯電話	手続き	採点をします	相談を受けます	会議に出ます
11-06	11-07	11-08	12-01	12-02	12-03	12-04	12-05
買い物	そうじ	洗濯	授業は難しいです	買い物に行きます	そうじをします	レポートを書きます	加湿器を使います
12-06	12-07	12-08	12-09	12-10	12-11	12-12	12-13
雨戸をしめます	寒いです	乾燥します	カゼをひきます	手を洗います	うがいをします	加湿器	台風
12-14	12-15	12-16	12-17	12-18	12-19	12-20	12-21
天気予報	台風情報	強い風が吹きます	たくさん雨が降ります	かさ	雨具	窓	雨戸
12-22	12-23	12-24	12-25				
強い	弱い	弱い風	小雨				

資料3 イラスト索引 ■ イラスト一覧

番号	イラスト説明
13-01	歯をみがきます
13-02	読みながら食べます
13-03	うがい・リさん
13-04	見ながら食べます
13-05	8時に起きます
13-06	準備をします
13-07	着きます
14-01	音楽を聞きます
14-02	DVDを見ます
14-03	写真
14-04	写真を撮ります
14-05	風景を撮ります
14-06	聞きながら飲みます
14-07	ピアノを習います
14-08	バンドをします
14-09	ピアノを弾きます
15-01	思います・リさん
15-02	吹き出し
15-03	仕事をします・シャツ
15-04	仕事をします・スーツ
15-05	マレーシア
15-06	日本
15-07	中国
15-08	結婚します
15-09	開発(develop)します
15-10	思います・あきおさん
15-11	先生・あきおさん
15-12	先生・リさん
15-13	育児をします
15-14	大学院に進みます
16-01	話せます
16-02	うまく書けません
16-03	においがひどいです
16-04	料理・西山先生
16-05	カレーライス
16-06	インドのカレー
16-07	パスタ
17-01	バッグ
17-02	おこづかい・くれます
17-03	時計・スカーフ・くれます
17-04	ハンカチ
17-05	ベルト・ネクタイ・くれます
17-06	サイフ・くれます
17-07	絵本
17-08	あげます
17-09	人形
18-01	行ってくれました
18-02	手伝ってくれました
18-03	運んでくれました
18-04	見送ってくれました
18-05	インターネットの接続
18-06	プリペイドカード
18-07	教えてくれました
18-08	出張します
18-09	教えてもらいました
18-10	ホテル
18-11	教会
18-12	観光スポット
19-01	ライトレール
19-02	コアラ
19-03	カンガルー
19-04	ペンギン
19-05	メロン
19-06	寝ています

19-07	19-08	19-09	20-01	20-02	20-03	20-04	20-05
洗濯をしてあげます	ゴミを出してあげます	スープを飲みます	ほめられました	世話をしました	そうじをしました	しかられました	夜遅く帰ってきました
20-06	20-07	20-08	20-09	20-10	20-11	21-01	21-02
かたづけるように	早く寝るように	起きられません	コピーをします	通訳をします	お酒に誘われます	食べさせました	飲ませました
21-03	21-04	21-05	21-06	21-07	21-08	21-09	21-10
食べさせませんでした	勉強させました	家庭教師	サッカー部	経済学を勉強します	仕事を手伝います	話しています・父と兄	ピーマン
21-11	21-12	21-13	21-14	21-15	22-01	22-02	22-03
トマト	食べさせようと	牛乳を飲ませようと	食べさせてくれません	食べに行きました	漢字を覚えます	読まされました	計算の練習
22-04	22-05	22-06	22-07	22-08	23-01	23-02	23-03
本を読むことも好きに	遊んでくれました	食べさせられました	読まされました	野菜ジュースも好きに	ほえられました	あてられました	さされました
23-04	23-05	23-06	23-07	23-08	23-09	23-10	24-01
転びました	追いかけられました	踏まれました	盗まれました	待たされました	エアコン	スーツケース	昔から日本語
24-02	24-03	24-04	24-05	24-06	24-07	24-08	S-01
ひらがな	カタカナ	英語の勉強	上手になりません	漁業	梅雨	紅葉につつまれます	声をかけられます
S-02	S-03	S-04	S-05	S-06	S-07	S-08	S-09
山に行きましょう	心配しすぎます	やさしそうでした	一生懸命勉強します	何を勉強するか	勉強し続けます	いろいろな経験	山に行きます

資料3 イラスト索引 ■ イラスト一覧

B-01	あい	B-02	いえ	B-03	うえ	B-04	え
B-05	かお	B-06	き	B-07	くち	B-08	おさけ
B-09	ここ	B-10	した	B-11	すし	B-12	せかい
B-13	そと	B-14	たこ	B-15	ちち	B-16	つくえ
B-17	て	B-18	なか	B-19	にく	B-20	いぬ
B-21	ねこ	B-22	はは	B-23	ひ	B-24	ふく
B-25	へや	B-26	ほし	B-27	まえ	B-28	みみ
B-29	むし	B-30	め	B-31	もも	B-32	やま
B-33	ゆき	B-34	よこ	B-35	そら	B-36	くり
B-37	よる	B-38	れきし	B-39	しろ	B-40	わたし
B-41	ほん	B-42	世界地図				

ユニット別リスト

Unit 0

りさん	00-01
あきおさん	00-02
西山先生	00-03
あさこさん	00-04
中田君	00-05
西山先生・講義	00-06
開けてください	00-07
見てください	00-08
聞いてください	00-09
言ってください	00-10
読んでください	00-11
おはようございます	00-12
ありがとうございます	00-13
すみません	00-14
いただきます	00-15
おいしいですか	00-16
ごちそうさま	00-17

Unit 1

工学部	01-01
マレーシアから来ました	01-02
ロボット	01-03
西山先生・講義	00-06
万国旗	01-04
エッフェル塔	01-05
日本地図	01-06
雪まつり	01-07
七夕まつり	01-08
米	01-09
スカイツリー	01-10
ディズニーランド	01-11
ベイブリッジ	01-12
富士山	01-13
自動車	01-14
五重塔	01-15
たこ焼き	01-16
ハーバード	01-17
桃太郎	01-18
厳島神社	01-19
ラーメン	01-20
シーサー	01-21

Unit 2

りさんの父	02-01
りさんの母	02-02
りさんの兄	02-03
りさんの姉	02-04
りさんの妹	02-05
りさんの弟	02-06
紹介するりさん	02-07
あきおさんの父	02-08
あきおさんの母	02-09
あきおさんの兄	02-10
あきおさんの姉	02-11
あきおさんの妹	02-12
紹介するあきおさん	02-13
西山先生の奥さん	02-14
西山先生の上の子	02-15
西山先生の下の子	02-16
あきおさんの母	02-09
あきおさんの父	02-08
あきおさんの姉	02-11
あきおさんの妹	02-12
あきおさんの兄	02-10
りさんの父	02-01
りさんの母	02-02
りさんの兄	02-03
りさんの姉	02-04
りさんの妹	02-05
りさんの弟	02-06
説明するりさん	02-17
あきおさんの父	02-08
あきおさんの母	02-09
あきおさんの兄	02-10
あきおさんの姉	02-11
あきおさん	00-02
あきおさんの妹	02-12
説明するりさん	02-17
父方の祖父	02-18
父方の祖母	02-19
母方の祖父	02-20
母方の祖母	02-21
父方のおじ	02-22
父方のおば	02-23
母方のおじ	02-24
母方のおば	02-25
父	02-26
母	02-27
兄	02-28
姉	02-29
りさん	00-01
弟	02-30
妹	02-31
学校の先生	02-02
医者	02-32
弁護士	02-33
会計士	02-34
銀行員	02-08
会社員	02-10
公務員	02-35
コンサルタント	02-01
社長	02-36
主婦	02-37
りさんの弟	02-06
りさんの妹	02-05
りさんの父	02-01
りさんの母	02-02
父方の祖父	02-18
父方の祖母	02-19

Unit 3

朝ご飯(洋食)	03-01
トースト	03-10
サンドイッチ	03-13
紅茶	03-03
朝ご飯(和食)	03-02
さしみ	03-19
ヨーグルト	03-09
コーヒー	03-04
フルーツ	03-08
ナシ	03-31
モモ	03-32
シュークリーム	03-36
チョコレート	03-35
クッキー	03-34
サッカー	03-58
テニス	03-59
水泳	03-65
山登り	03-05
ジャズ	03-66
クラシック	03-67
パン	03-06

サラダ	03-07	チューハイ	03-52	会議	04-45		
フルーツ	03-08	食べます	03-53	作ります	03-55		
ヨーグルト	03-09	飲みます	03-54	メールをチェックします	04-36		
トースト	03-10	作ります	03-55	勉強(を)します	04-30		
ベーグル	03-11	見ます	03-56	寝ます	04-25		
クロワッサン	03-12	聞きます	03-57	ハンバーガー	04-07		
サンドイッチ	03-13	サッカー	03-58	カップラーメン	04-08		
ごはん	03-14	テニス	03-59	お風呂に入ります	04-35		
魚	03-15	バドミントン	03-60	パソコン	04-09		
たまご	03-16	バスケットボール	03-61	家族と一緒に食べます	04-10		
のり	03-17	バレーボール	03-62	テレビのドラマを見ます	04-11		
すし	03-18	野球	03-63	本を読みます	04-12		
さしみ	03-19	卓球	03-64	朝・昼・夜	04-13		
焼き魚	03-20	水泳	03-65	朝ご飯	03-01		
肉	03-21	ジャズ	03-66	昼ご飯	04-14		
牛肉	03-22	クラシック	03-67	夕ご飯	03-02		
ぶた肉	03-23	ロック	03-68	学校に行きます	04-15		
とり肉	03-24	ラテン	03-69	お風呂に入ります	04-16		
みかん	03-25	ポップス	03-70	7時に起きます	04-17		
りんご	03-26	1円	03-71	9時に始まります	04-18		
バナナ	03-27	5円	03-72	電車で行きます	04-19		
キウイ	03-28	10円	03-73	パソコンで見ます	04-20		
パイナップル	03-29	50円	03-74	図書館で本を読みます	04-21		
マンゴー	03-30	100円	03-75	10時から12時まで	04-22		
ナシ	03-31	500円	03-76	1時か2時	04-23		
モモ	03-32	1000円	03-77	起きます	04-24		
カキ	03-33	2000円	03-78	寝ます	04-25		
クッキー	03-34	5000円	03-79	行きます	04-26		
チョコレート	03-35	1万円	03-80	帰ります	04-27		
シュークリーム	03-36	札束	03-81	始まります	04-28		
アイスクリーム	03-37	スーパーマーケット	03-82	終わります	04-29		
みそしる	03-38	札束	03-81	勉強(を)します	04-30		
スープ	03-39			仕事をします	04-31		
牛乳	03-40	**Unit 4**		新聞を読みます	04-32		
オレンジジュース	03-41	起きます	04-24	ニュースを見ます	04-33		
コーラ	03-42	自転車で行きます	04-01	お弁当を買います	04-34		
ソフトドリンク	03-43	友達と一緒に食べます	04-02	作ります	03-55		
お酒	03-44	図書館に行きます	04-03	お風呂に入ります	04-35		
水	03-45	ニュースを見ます	04-33	メールをチェックします	04-36		
ミネラルウォーター	03-46	電車で行きます	04-04	学校	04-37		
ビール	03-47	お弁当を買います	04-34	会社	04-38		
ワイン	03-48	研究	04-46	駅	04-39		
ウィスキー	03-49	ジョギングをします	04-05	銀行	04-40		
日本酒	03-50	新聞を読みます	04-32	郵便局	04-41		
しょうちゅう	03-51	研究室でお弁当を食べます	04-06	図書館	04-42		

食堂	04-43	肉料理	05-13	からいもの	05-52
研究室	04-44	魚料理	05-14		
仕事をします	04-31	ビーフ	03-22	**Unit 6**	
会議	04-45	ポーク	03-23	ショッピングモール	06-01
研究	04-46	チキン	03-24	ポロシャツ	06-06
勉強(を)します	04-30	焼き肉	05-15	スカート	06-11
電車	04-47	焼きそば	05-16	ボールペン	06-30
地下鉄	04-48	焼き鳥	05-17	ポーチ	06-22
バス	04-49	お好み焼き	05-18	本屋で会います	06-02
モノレール	04-50	たこ焼き	01-16	映画館	06-03
自転車	04-51	ナシゴレン	05-19	彼女をうちまで送ります	06-04
タクシー	04-52	野菜炒め	05-20	シャツ	06-05
自動車	01-14	エビのニンニク炒め	05-21	ポロシャツ	06-06
歩いて	04-53	すし	03-18	Tシャツ	06-07
うち	04-54	さしみ	03-19	ブラウス	06-08
行きます	04-26	すき焼き	05-22	ジーンズ	06-09
勉強(を)します	04-30	天ぷら	05-23	パンツ	06-10
		しゃぶしゃぶ	05-24	スカート	06-11
Unit 5		ピザ	05-25	セーター	06-12
料理を作ります	05-06	パスタ	05-26	カーディガン	06-13
楽しい時間	05-43	リゾット	05-27	ジャンパー	06-14
ビール	03-47	グラタン	05-28	ジャケット	06-15
焼き肉	05-15	チーズケーキ	05-29	コート	06-16
ナシゴレン	05-19	プリン	05-30	スーツ	06-17
エビのニンニク炒め	05-21	ティラミス	05-31	ワンピース	06-18
マレーシア料理を楽しみました	05-01	タピオカミルク	05-32	くつ	06-19
イタリアンの店	05-02	いろいろな国	05-33	スニーカー	06-20
ワイン	03-48	いろいろな料理	05-34	ブーツ	06-21
パスタ	05-26	すてきな店	05-35	ポーチ	06-22
リゾット	05-27	親切な人	05-36	ピアス	06-23
親切なお店の人	05-03	上手な人	05-37	イヤリング	06-24
彼女と晩ご飯を食べます	05-04	小さい店	05-38	リング	06-25
注文します	05-05	大きい店	05-39	時計	06-26
料理を作ります	05-06	安い店	05-40	ブレスレット	06-27
お金を払います	05-07	高い店	05-41	手ぶくろ	06-28
肉	03-21	おいしい店	05-42	マフラー	06-29
魚	05-08	楽しい時間	05-43	ボールペン	06-30
野菜	05-09	いい時間	05-44	シャーペン	06-31
フルーツ	03-08	古いパソコン	05-45	消しゴム	06-32
前菜	05-10	新しいパソコン	05-46	食器	06-33
スープ	03-39	近いです	05-47	グラス	06-34
サラダ	03-07	遠いです	05-48	カップ	06-35
メイン	05-11	黒いソース	05-49	ナイフ	06-36
デザート	05-12	白いソース	05-50	スプーン	06-37
		あまいもの	05-51	フォーク	06-38

つかれました	06-39	きれいです	08-05	紅葉	09-15	
おなかがすきました	06-40	かわいいです	08-06	雪	09-16	
前・中・隣・横・奥	06-41	やさしくて明るいです	08-07	夏休み	09-17	
店に入ります	06-42	明るくて元気です	08-08	冬休み	09-18	
店を出ます	06-43	まじめです	08-09	春休み	09-19	
バスに乗ります	06-44	サッカーが上手です	08-10	ゴールデンウィーク	09-20	
バスを降ります	06-45	サッカーが下手です	08-11	クリスマス	09-21	
おもしろいです	06-46	料理が上手です	08-12	お正月	09-22	
おもしろくないです	06-47	料理が下手です	08-13	カラオケに行きます	09-23	
おもしろくなかったです	06-48	いろいろなスポーツができます	08-14	着物を着ます	09-24	
Unit 7		英語ができます	08-15	歌舞伎を見に行きます	09-25	
コーヒー、飲みますか	07-01	見ています・聞いています	08-16	相撲を見に行きます	09-26	
クアラルンプール	07-02	読んでいます	08-17	日本酒を飲みます	09-27	
おいしい紅茶の店があります	07-03	パソコンをしています・話をしています	08-18	ジャズを聞きます	09-28	
ケーキ	07-04	飲んでいます	08-19	マンガを読みます	09-29	
図書館の前で会いましょうか	07-05	仕事をしています・勉強しています	08-20	アニメを見ます	09-30	
私の部屋から、山が見えます	07-06	食べています・洗っています	08-21	**Unit 10**		
あれ	07-07	作っています・遊んでいます	08-22	スニーカー	06-20	
これ・それ	07-08	座っています・立っています	08-23	ヘッドライト	10-01	
Unit 8		待っています	08-24	ゴミ袋に入れてください	10-02	
りさんの父	02-01	**Unit 9**		山登りをしましょう	10-03	
りさんの母	02-02	花見	09-01	オレンジジュース	03-41	
りさんの兄	02-03	旅行	09-02	コーヒー	03-04	
りさんの姉	02-04	ドライブ	09-03	おかし	10-04	
りさんの弟	02-06	テント	09-04	シャツを着ます	10-05	
りさんの妹	02-05	山登り	03-05	シャツをぬぎます	10-06	
あきおさんの父	02-08	カラオケに行きます	09-23	ズボンをはきます	10-07	
あきおさんの母	02-09	歌舞伎を見に行きます	09-25	ズボンをぬぎます	10-08	
あきおさんの兄	02-10	冬	09-09	くつをはきます	10-09	
あきおさんの姉	02-11	ジャズを聞きます	09-28	くつをぬぎます	10-10	
あきおさんの妹	02-12	パソコンとプリンター	09-05	ぼうしをかぶります	10-11	
りさんの父	02-01	春	09-06	ぼうしをとります	10-12	
りさんの母	02-02	夏	09-07	雨具を持っていきます	10-13	
りさんの兄	02-03	秋	09-08	ゴミをうちに持って帰ります	10-14	
りさんの姉	02-04	冬	09-09	電話	10-15	
りさんの弟	02-06	あたたかいです	09-10	電子辞書	10-16	
りさんの妹	02-05	あついです	09-11	開けてください	00-07	
やさしいです	08-01	すずしいです	09-12	見てください	00-08	
きびしいです	08-02	さむいです	09-13	聞いてください	00-09	
頭がいいです	08-03	サクラ	09-14	言ってください	00-10	
おもしろいです	08-04			ゆっくり言ってください	00-10	
				読んでください	00-11	
				書いてください	10-17	

資料3 イラスト索引 ■ ユニット別リスト

話してください	10-18
辞書で調べてください	10-19
待ってください	10-20
窓をあけてください	10-21
窓をしめてください	10-22
ドアをあけてください	10-23
ドアをしめてください	10-24
電気をつけてください	10-25
電気をけしてください	10-26
テレビをつけてください	10-27
テレビをけしてください	10-28
エアコンをつけてください	10-29
エアコンをけしてください	10-30
ブラインドをあけてください	10-31
ブラインドをおろしてください	10-32
水を出してください	10-33
水を止めてください	10-34
手伝ってください	10-35
教えてください	10-36
かばんを持ってきてください	10-37
塩をとってください	10-38

Unit 11

買い物に行きます	11-06
そうじをします	11-07
携帯電話	11-01
手続き	11-02
採点をします	11-03
相談を受けます	11-04
会議に出ます	11-05
買い物	11-06
そうじ	11-07
洗濯	11-08

Unit 12

授業は難しいです	12-01
買い物に行きます	12-02
そうじをします	12-03
レポートを書きます	12-04
寒いです	12-07
手を洗います	12-10
加湿器を使います	12-05
台風	12-13

雨戸をしめます	12-06
台風情報	12-15
雨戸をしめます	12-06
寒いです	12-07
乾燥します	12-08
カゼをひきます	12-09
手を洗います	12-10
うがいをします	12-11
手ぶくろ	06-28
マフラー	06-29
お風呂に入ります	04-35
加湿器	12-12
台風	12-13
天気予報	12-14
台風情報	12-15
強い風が吹きます	12-16
たくさん雨が降ります	12-17
かさ	12-18
雨具	12-19
窓	12-20
雨戸	12-21
強い	12-22
弱い	12-23
強い風	12-16
弱い風	12-24
強い雨	12-17
小雨	12-25

Unit 13

歯をみがきます	13-01
読みながら食べます	13-02
自転車で行きます	04-01
図書館に行きます	04-03
うがい・リさん	13-03
作ります	03-55
友達と一緒に食べます	04-02
見ながら食べます	13-04
8時に起きます	13-05
電車で行きます	04-04
準備をします	13-06
着きます	13-07
歯をみがきます	13-01
うがい・リさん	13-03
図書館に行きます	04-03
着きます	13-07

8時に起きます	13-05
読みながら食べます	13-02
友達と一緒に食べます	04-02
見ながら食べます	13-04

Unit 14

見てください	00-08
サッカーが上手です	08-10
音楽を聞きます	14-01
DVDを見ます	14-02
山登り	03-05
写真	14-03
写真を撮ります	14-04
風景を撮ります	14-05
聞きます	03-57
聞きながら飲みます	14-06
ピアノを習います	14-07
バンドをします	14-08
ピアノを弾きます	14-09
見てください	00-08
DVDを見ます	14-02
聞きながら飲みます	14-06
バンドをします	14-08
サッカーが上手です	08-10
ピアノを弾きます	14-09
山登り	03-05
写真を撮ります	14-04

Unit 15

思います・リさん	15-01
吹き出し	15-02
仕事をします・シャツ	15-03
マレーシア	15-05
日本	15-06
中国	15-07
結婚します	15-08
開発(develop)します	15-09
思います・あきおさん	15-10
先生・あきおさん	15-11
育児をします	15-13
仕事をします・スーツ	15-04
先生・リさん	15-12
大学院に進みます	15-14
結婚します	15-08
思います・リさん	15-01

Unit 16

話せます	16-01
勉強(を)します	04-30
話してください	10-18
うまく書けません	16-02
においがひどいです	16-03
すし	03-18
さしみ	03-19
天ぷら	05-23
お好み焼き	05-18
たこ焼き	01-16
料理・西山先生	16-04
カレーライス	16-05
インドのカレー	16-06
パスタ	16-07
話せます	16-01
話してください	10-18
うまく書けません	16-02
においがひどいです	16-03
料理・西山先生	16-04

Unit 17

バッグ	17-01
セーター	06-12
おこづかい	17-02
時計・スカーフ・くれます	17-03
ポロシャツ	06-06
ハンカチ	17-04
ベルト・ネクタイ・くれます	17-05
サイフ・くれます	17-06
絵本	17-07
セーター	06-12
手ぶくろ	06-28
マフラー	06-29
あげます	17-08
人形	17-09
あげます	17-08
人形	17-09
絵本	17-07
セーター	06-12
マフラー	06-29
手ぶくろ	06-28
時計・スカーフ・くれます	17-03
おこづかい	17-02

ベルト・ネクタイ・くれます	17-05
サイフ・くれます	17-06

Unit 18

行ってくれました	18-01
手伝ってくれました	18-02
運んでくれました	18-03
見送ってくれました	18-04
携帯電話	11-01
インターネットの接続	18-05
プリペイドカード	18-06
教えてくれました	18-07
出張します	18-08
教えてもらいました	18-09
ホテル	18-10
教会	18-11
観光スポット	18-12
行ってくれました	18-01
教えてもらいました	18-09
手伝ってくれました	18-02
運んでくれました	18-03
見送ってくれました	18-04
インターネットの接続	18-05
教えてくれました	18-07
プリペイドカード	18-06
観光スポット	18-12
教会	18-11

Unit 19

ライトレール	19-01
コアラ	19-02
カンガルー	19-03
ペンギン	19-04
りんご	03-26
メロン	19-05
寝ています	19-06
洗濯をしてあげます	19-07
スープ	03-39
ゴミを出してあげます	19-08
スープを飲みます	19-09
洗濯をしてあげます	19-07
ゴミを出してあげます	19-08
ライトレール	19-01
スープを飲みます	19-09

コアラ	19-02
カンガルー	19-03
ペンギン	19-04

Unit 20

ほめられました	20-01
世話をしました	20-02
そうじをしました	20-03
しかられました	20-04
夜遅く帰ってきました	20-05
かたづけるように	20-06
早く寝るように	20-07
起きられません	20-08
コピーをします	20-09
通訳をします	20-10
お酒に誘われます	20-11
ほめられました	20-01
しかられました	20-04
夜遅く帰ってきました	20-05
コピーをします	20-09
通訳をします	20-10
そうじをしました	20-03
かたづけるように	20-06
早く寝るように	20-07

Unit 21

食べさせました	21-01
飲ませました	21-02
食べさせませんでした	21-03
勉強させました	21-04
家庭教師	21-05
サッカー部	21-06
経済学を勉強します	21-07
仕事を手伝います	21-08
話しています・父と兄	21-09
ピーマン	21-10
トマト	21-11
食べさせようと	21-12
牛乳を飲ませようと	21-13
食べさせてくれません	21-14
食べに行きました	21-15
食べさせました	21-01
食べさせませんでした	21-03
勉強させました	21-04
サッカー部	21-06

食べさせてくれません	21-14	
食べさせようと	21-12	

Unit 22

漢字を覚えます	22-01
読まされました	22-02
計算の練習	22-03
本を読むことも好きに	22-04
遊んでくれました	22-05
食べさせられました	22-06
読まされました	22-07
野菜ジュースも好きに	22-08
本を読みます	04-12
漢字を覚えます	22-01
計算の練習	22-03
食べさせられました	22-06
本を読むことも好きに	22-04
野菜ジュースも好きに	22-08

Unit 23

ほえられました	23-01
あてられました	23-02
さされました	23-03
転びました	23-04
追いかけられました	23-05
踏まれました	23-06
盗まれました	23-07
待たされました	23-08
エアコン	23-09
スーツケース	23-10
さされました	23-03
追いかけられました	23-05
踏まれました	23-06
盗まれました	23-07
スーツケース	23-10
転びました	23-04
エアコン	23-09
ほえられました	23-01

Unit 24

昔から日本語	24-01
ひらがな	24-02
カタカナ	24-03
英語の勉強	24-04
上手になりません	24-05

日本地図	01-06
漁業	24-06
春	09-06
花見	09-01
梅雨	24-07
夏	09-07
紅葉につつまれます	24-08
昔から日本語	24-01
ひらがな	24-02
カタカナ	24-03
漁業	24-06
春	09-06
梅雨	24-07
紅葉につつまれます	24-08

Supplementary Unit

声をかけられます	S-01
山に行きましょう	S-02
心配しすぎます	S-03
やさしそうでした	S-04
一生懸命勉強します	S-05
何を勉強するか	S-06
勉強し続けます	S-07
いろいろな経験	S-08
山に行きます	S-09
一生懸命勉強します	S-05
勉強し続けます	S-07
心配しすぎます	S-03
何を勉強するか	S-06

Hiragana Writing Practice Sheets

あい	B-01
いえ	B-02
うえ	B-03
え	B-04
かお	B-05
き	B-06
くち	B-07
おさけ	B-08
ここ	B-09
した	B-10
すし	B-11
せかい	B-12
そと	B-13
たこ	B-14
ちち	B-15
つくえ	B-16
て	B-17
なか	B-18
にく	B-19
いぬ	B-20
ねこ	B-21
はは	B-22
ひ	B-23
ふく	B-24
へや	B-25
ほし	B-26
まえ	B-27
みみ	B-28
むし	B-29
め	B-30
もも	B-31
やま	B-32
ゆき	B-33
よこ	B-34
そら	B-35
くり	B-36
よる	B-37
れきし	B-38
しろ	B-39
わたし	B-40
ほん	B-41
世界地図	B-42

文型別リスト

Unit1
〜は〜です

りさん	00-01
あきおさん	00-02
西山先生	00-03
あさこさん	00-04
中田君	00-05
コンサルタント	02-01
先生	02-02
	02-09
	02-14
銀行員	02-03
	02-08
大学院生	02-04
高校生	02-05
	02-06
	02-15
会社員	02-10
	02-11
大学生	02-12
中学生	02-16
医者	02-32
弁護士	02-33
会計士	02-34
公務員	02-35
社長	02-36
主婦	02-37

Unit2
呼称

おじいさん	02-18
	02-20
おばあさん	02-19
	02-21
おじさん	02-22
	02-24
おばさん	02-23
	02-25
父	02-26
母	02-27
兄	02-28
姉	02-29
弟	02-30
妹	02-31

Unit3
〜は〜が好きです

たこ焼き	01-16
ラーメン	01-20
パン	03-06
サラダ	03-07
フルーツ	03-08
ヨーグルト	03-09
トースト	03-10
ベーグル	03-11
クロワッサン	03-12
サンドイッチ	03-13
ごはん	03-14
魚	03-15
	05-08
たまご	03-16
のり	03-17
すし	03-18
さしみ	03-19
焼き魚	03-20
肉	03-21
牛肉	03-22
ぶた肉	03-23
とり肉	03-24
みかん	03-25
りんご	03-26
バナナ	03-27
キウイ	03-28
パイナップル	03-29
マンゴー	03-30
ナシ	03-31
モモ	03-32
カキ	03-33
クッキー	03-34
チョコレート	03-35
シュークリーム	03-36
アイスクリーム	03-37
ハンバーガー	04-07
カップラーメン	04-08
野菜	05-09
肉料理	05-13
魚料理	05-14
焼き肉	05-15
焼きそば	05-16
焼き鳥	05-17

お好み焼き	05-18
ナシゴレン	05-19
野菜炒め	05-20
エビのニンニク炒め	05-21
すき焼き	05-22
天ぷら	05-23
しゃぶしゃぶ	05-24
ピザ	05-25
パスタ	05-26
リゾット	05-27
グラタン	05-28
チーズケーキ	05-29
プリン	05-30
ティラミス	05-31
タピオカミルク	05-32
ケーキ	07-04
おかし	10-04
紅茶	03-03
コーヒー	03-04
みそしる	03-38
スープ	03-39
牛乳	03-40
オレンジジュース	03-41
コーラ	03-42
お酒	03-44
ビール	03-47
ワイン	03-48
ウィスキー	03-49
日本酒	03-50
しょうちゅう	03-51
チューハイ	03-52
サッカー	03-58
	08-10
	02-16
テニス	03-59
バドミントン	03-60
バスケットボール	03-61
バレーボール	03-62
野球	03-63
卓球	03-64
水泳	03-65
ジャズ	03-66
クラシック	03-67
ロック	03-68
ラテン	03-69

ポップス	03-70
山登り	03-05
花見	09-01
旅行	09-02
ドライブ	09-03
夏休み	09-17
冬休み	09-18
春休み	09-19
ゴールデンウィーク	09-20
クリスマス	09-21 17-08
お正月	09-22

Unit4
～ます

来ます	01-02
紹介します	02-07 02-13
説明します	02-17
山を登ります	03-05
食べます	03-53
飲みます	03-54
作ります	03-55
見ます	03-56
聞きます	03-57
サッカーをします	03-58 02-16 08-10
テニスをします	03-59
バドミントンをします	03-60
バスケットボールをします	03-61
バレーボールをします	03-62
野球をします	03-63
卓球をします	03-64
水泳をします	03-65
ジョギングをします	04-05
テレビのドラマを見ます	04-11
本を読みます	04-12
起きます	04-24
寝ます	04-25
行きます	04-26
帰ります	04-27
始まります	04-28
終わります	04-29

勉強(を)します	04-30 02-06 02-12
仕事をします	04-31
新聞を読みます	04-32
ニュースを見ます	04-33
お弁当を買います	04-34
お風呂に入ります	04-35
メールをチェックします	04-36 02-05 02-10
歩きます	04-53

Unit5
い形容詞／な形容詞

小さい店	05-38
大きい店	05-39
安い店	05-40
高い店	05-41
おいしい店	05-42
楽しい時間	05-43
いい時間	05-44
古いパソコン	05-45
新しいパソコン	05-46 09-05
近いです	05-47
遠いです	05-48
黒いソース	05-49
白いソース	05-50
あまいもの	05-51
からいもの	05-52
いろいろな国	05-33
いろいろな料理	05-34
すてきな店	05-35
親切な人	05-36
上手な人	05-37

Unit6-1
あります／います

スーパーマーケット	03-82
学校	04-37
会社	04-38
駅	04-39
銀行	04-40
郵便局	04-41
図書館	04-42
食堂	04-43

研究室	04-44
うち	04-54
イタリアンの店	05-02
ショッピングモール	06-01
映画館	06-03
前・中・隣・横・奥	06-41
いえ	B-02
うえ	B-03
ここ	B-09
した	B-10
そと	B-13
なか	B-18
へや	B-25
まえ	B-27
よこ	B-34
そら	B-35
いろいろな国	05-33
いろいろな料理	05-34
すてきな店	05-35
小さい店	05-38
大きい店	05-39
安い店	05-40
高い店	05-41
おいしい店	05-42
え	B-04
き	B-06
つくえ	B-16
りさん	00-01
あきおさん	00-02
西山先生	00-03
あさこさん	00-04
中田君	00-05
親切な人	05-36
上手な人	05-37
いぬ	B-20
ねこ	B-21
おいしい紅茶の店があります	07-03

Unit6-2
形容詞の肯定形／否定形

小さい店	05-38
大きい店	05-39
安い店	05-40
高い店	05-41
おいしい店	05-42

楽しい時間	05-43	
いい時間	05-44	
古いパソコン	05-45	
新しいパソコン	05-46 09-05	
近いです	05-47	
遠いです	05-48	
黒いソース	05-49	
白いソース	05-50	
いろいろな国	05-33	
いろいろな料理	05-34	
すてきな店	05-35	
親切な人	05-36	
上手な人	05-37	
あまいもの	05-51	
からいもの	05-52	
おもしろいです	06-46	
おもしろくないです	06-47	
おもしろくなかったです	06-48	

Unit7
〜ますか／〜ましょうか／〜ませんか／〜ましょう

山を登ります	03-05
食べます	03-53
飲みます	03-54
作ります	03-55
見ます	03-56 04-11 04-33
聞きます	03-57
サッカーをします	03-58 02-16 08-10
テニスをします	03-59
バドミントンをします	03-60
バスケットボールをします	03-61
バレーボールをします	03-62
野球をします	03-63
卓球をします	03-64
水泳をします	03-65
ジョギングをします	04-05
本を読みます	04-12
起きます	04-24
寝ます	04-25
行きます	04-26
帰ります	04-27

終わります	04-29
勉強(を)します	04-30 02-06 02-12
仕事をします	04-31
新聞を読みます	04-32
お弁当を買います	04-34
お風呂に入ります	04-35
メールをチェックします	04-36 02-05 02-10
歩きます	04-53
注文します	05-05
料理を作ります	05-06
本屋で会います	06-02
彼女をうちまで送ります	06-04
店に入ります	06-42
店を出ます	06-43
バスに乗ります	06-44
バスを降ります	06-45
コーヒー、飲みますか	07-01
おいしい紅茶の店があります	07-03
図書館の前で会いましょうか	07-05

Unit8-1
〜より〜が

コーヒーより紅茶のほうが好きです	07-01
たこ焼き	01-16
ラーメン	01-20
パン	03-06
サラダ	03-07
フルーツ	03-08
ヨーグルト	03-09
トースト	03-10
ベーグル	03-11
クロワッサン	03-12
サンドイッチ	03-13
ごはん	03-14
魚	03-15 05-08
たまご	03-16
のり	03-17
すし	03-18
さしみ	03-19

焼き魚	03-20
肉	03-21
牛肉	03-22
ぶた肉	03-23
とり肉	03-24
みかん	03-25
りんご	03-26
バナナ	03-27
キウイ	03-28
パイナップル	03-29
マンゴー	03-30
ナシ	03-31
モモ	03-32
カキ	03-33
クッキー	03-34
チョコレート	03-35
シュークリーム	03-36
アイスクリーム	03-37
ハンバーガー	04-07
カップラーメン	04-08
野菜	05-09
肉料理	05-13
魚料理	05-14
焼き肉	05-15
焼きそば	05-16
焼き鳥	05-17
お好み焼き	05-18
ナシゴレン	05-19
野菜炒め	05-20
エビのニンニク炒め	05-21
すき焼き	05-22
天ぷら	05-23
しゃぶしゃぶ	05-24
ピザ	05-25
パスタ	05-26
リゾット	05-27
グラタン	05-28
チーズケーキ	05-29
プリン	05-30
ティラミス	05-31
タピオカミルク	05-32
ケーキ	07-04
おかし	10-04
紅茶	03-03
コーヒー	03-04

みそしる	03-38
スープ	03-39
牛乳	03-40
オレンジジュース	03-41
コーラ	03-42
お酒	03-44
ビール	03-47
ワイン	03-48
ウィスキー	03-49
日本酒	03-50
しょうちゅう	03-51
チューハイ	03-52
サッカー	02-16 03-58 08-10
テニス	03-59
バドミントン	03-60
バスケットボール	03-61
バレーボール	03-62
野球	03-63
卓球	03-64
水泳	03-65
ジャズ	03-66
クラシック	03-67
ロック	03-68
ラテン	03-69
ポップス	03-70
山登り	03-05
花見	09-01
旅行	09-02
ドライブ	09-03
夏休み	09-17
冬休み	09-18
春休み	09-19
ゴールデンウィーク	09-20
クリスマス	09-21 17-08
お正月	09-22

Unit8-2
～ています

山に登ります	03-05
食べます	03-53
飲みます	03-54
作ります	03-55
見ます	03-56 04-11 04-33
聞きます	03-57
サッカーをします	02-16 03-58 08-10
テニスをします	03-59
バドミントンをします	03-60
バスケットボールをします	03-61
バレーボールをします	03-62
野球をします	03-63
卓球をします	03-64
水泳をします	03-65
ジョギングをします	04-05
本を読みます	04-12
起きます	04-24
寝ます	04-25
勉強(を)します	02-06 02-12 04-30
仕事をします	04-31
新聞を読みます	04-32
お弁当を買います	04-34
お風呂に入ります	04-35
メールをチェックします	02-05 02-10 04-36
歩きます	04-53
注文します	05-05
料理を作ります	05-06
お金を払います	05-07
つかれます	06-39
おなかがすきます	06-40
バスに乗ります	06-44
バスを降ります	06-45
見ています・聞いています	08-16
読んでいます	08-17
パソコンをしています・話をしています	08-18
飲んでいます	08-19
仕事をしています・勉強しています	08-20
食べています・洗っています	08-21
作っています・遊んでいます	08-22
座っています・立っています	08-23
待っています	08-24

Unit9-1
～たいです／
～たいと思っています

花見	09-01
旅行	09-02
ドライブ	09-03
山登り	03-05
カラオケに行きます	09-23
着物を着ます	09-24
歌舞伎を見に行きます	09-25
相撲を見に行きます	09-26
日本酒を飲みます	09-27
ジャズを聞きます	09-28
マンガを読みます	09-29
アニメを見ます	09-30

Unit9-2
～たことがあります／
～たことがありません

花見	09-01
旅行	09-02
ドライブ	09-03
山登り	03-05
カラオケに行きます	09-23
着物を着ます	09-24
歌舞伎を見に行きます	09-25
相撲を見に行きます	09-26
日本酒を飲みます	09-27
ジャズを聞きます	09-28
マンガを読みます	09-29
アニメを見ます	09-30

Unit10
～てください

シャツを着ます	10-05
シャツをぬぎます	10-06
ズボンをはきます	10-07
ズボンをぬぎます	10-08
くつをはきます	10-09
くつをぬぎます	10-10
ぼうしをかぶります	10-11
ぼうしをとります	10-12

雨具を持っていきます	10-13
ゴミをうちに持って帰ります	10-14
開けてください	00-07
見てください	00-08
聞いてください	00-09
言ってください	00-10
ゆっくり言ってください	00-10
読んでください	00-11
書いてください	10-17
話してください	10-18
辞書で調べてください	10-19
待ってください	10-20
窓をあけてください	10-21
窓をしめてください	10-22
ドアをあけてください	10-23
ドアをしめてください	10-24
電気をつけてください	10-25
電気をけしてください	10-26
テレビをつけてください	10-27
テレビをけしてください	10-28
エアコンをつけてください	10-29
エアコンをけしてください	10-30
ブラインドをあけてください	10-31
ブラインドをおろしてください	10-32
水を出してください	10-33
水を止めてください	10-34
手伝ってください	10-35
教えてください	10-36
かばんを持ってきてください	10-37
塩をとってください	10-38

Unit11-1
〜なければなりません

買い物に行きます	11-06
そうじをします	11-07
手続き	11-02
採点をします	11-03
相談を受けます	11-04
会議に出ます	11-05
洗濯	11-08
くつをぬぎます	10-10
ぼうしをとります	10-12

雨具を持っていきます	10-13
ゴミをうちに持って帰ります	10-14

Unit11-2
〜ないでください

書きます	10-17
話します	10-18
辞書で調べます	10-19
食べます	03-53
飲みます	03-54
窓をあけます	10-21
窓をしめます	10-22
ドアをあけます	10-23
ドアをしめます	10-24
電気をつけます	10-25
電気をけします	10-26
テレビをつけます	10-27
テレビをけします	10-28
エアコンをつけます	10-29
エアコンをけします	10-30
ブラインドをあけます	10-31
ブラインドをおろします	10-32

Unit12-1
〜たほうがいいです

手を洗います	12-10
加湿器を使います	12-05
台風情報	12-15
雨戸をしめます	12-06
うがいをします	12-11
手ぶくろ	06-28
マフラー	06-29
お風呂に入ります	04-35
かさ	12-18
雨具	12-19
自転車で行きます	04-01
帰ります	04-27

Unit12-2
〜たり〜たりします

買い物に行きます	12-02
そうじをします	12-03
レポートを書きます	12-04
食べます	03-53
飲みます	03-54

見ます	03-56
	04-11
	04-33
聞きます	03-57
ジョギングをします	04-05
本を読みます	04-12
勉強(を)します	02-06
	02-12
	04-30
仕事をします	04-31
お弁当を買います	04-34
お風呂に入ります	04-35
メールをチェックします	02-05
	02-10
	04-36

Unit13-1
〜たら

起きます	04-24
	13-05
歯をみがきます	13-01
読みながら食べます	13-02
帰ります	04-27
うがいをします	12-11
友達と一緒に食べます	04-02
メールをチェックします	02-05
	02-10
	04-36
お風呂に入ります	04-35
勉強(を)します	02-06
	02-12
	04-30
着きます	13-07

Unit13-2
〜てから

読みながら食べます	13-02
歯をみがきます	13-01
図書館に行きます	04-03
勉強(を)します	02-06
	02-12
	04-30
帰ります	04-27

Unit13-3
〜とき

図書館に行きます	04-03
起きます	04-24
	13-05

131

Unit13-4
〜ながら

読みながら食べます	13-02
友達と一緒に食べます	04-02
見ながら食べます	13-04

Unit14
〜（する）こと／の

本を読みます（リさん）	00-08
本を読みます（西山先生）	04-12
サッカーが上手です	08-10
音楽を聞きます	03-57 14-01
DVDを見ます	14-02
山登り	03-05
写真を撮ります	14-04
風景を撮ります	14-05
聞きながら飲みます	14-06
バンドをします	14-08
ピアノを弾きます	14-09

Unit15-1
〜つもりです

仕事をします・スーツ	15-04
結婚します	15-08
先生・リさん	15-12
育児をします	15-13
大学院に進みます	15-14

Unit15-2
〜と思います

思います・リさん	15-01
吹き出し	15-02
仕事をします・シャツ	15-03
結婚します	15-08
開発(develop)します	15-09
思います・あきおさん	15-10
先生・あきおさん	15-11
育児をします	15-13
大学院に進みます	15-14

Unit15-3
〜だろうと思います／〜んじゃないかと思います／〜かもしれません／〜かどうか（まだ）わかりません／〜か〜か（まだ）決めていません

思います・リさん	15-01

吹き出し	15-02
仕事をします・シャツ	15-03
結婚します	15-08
開発(develop)します	15-09
思います・あきおさん	15-10
先生・あきおさん	15-11
マレーシア	15-05
日本	15-06
中国	15-07

Unit16
可能表現

話せます	16-01
勉強(を)します	04-30
話してください	10-18
うまく書けません	16-02
においがひどいです	16-03
料理・西山先生	16-04
サッカーをします	03-58 02-16 08-10
テニスをします	03-59
バドミントンをします	03-60
バスケットボールをします	03-61
バレーボールをします	03-62
野球をします	03-63
卓球をします	03-64
水泳をします	03-65
ピアノを弾きます	14-09
カレーライス	16-05
インドのカレー	16-06
パスタ	16-07
すし	03-18
さしみ	03-19
天ぷら	05-23
お好み焼き	05-18
たこ焼き	01-16

Unit17
授受表現
あげる、もらう、くれる

バッグ	17-01
セーター	06-12
おこづかい	17-02
時計・スカーフ・くれます	17-03

ポロシャツ	06-06
ハンカチ	17-04
ベルト・ネクタイ・くれます	17-05
サイフ・くれます	17-06
絵本	17-07
セーター	06-12
手ぶくろ	06-28
マフラー	06-29
あげます	17-08
人形	17-09
シャツ	06-05
ポロシャツ	06-06
Tシャツ	06-07
ブラウス	06-08
ジーンズ	06-09
パンツ	06-10
スカート	06-11
セーター	06-12
カーディガン	06-13
ジャンパー	06-14
ジャケット	06-15
コート	06-16
スーツ	06-17
ワンピース	06-18
ポーチ	06-22
ピアス	06-23
イヤリング	06-24
リング	06-25
時計	06-26
ブレスレット	06-27

Unit18
動詞＋授受の表現①
〜てもらう、〜てくれる

行ってくれました	18-01
手伝ってくれました	18-02
運んでくれました	18-03
見送ってくれました	18-04
インターネットの接続	18-05
教えてくれました	18-07
教えてもらいました	18-09

Unit19-1
動詞＋授受の表現② ～てあげる

洗濯をしてあげます	19-07
ゴミを出してあげます	19-08
スープを飲みます	19-09

Unit19-2
～そうです（伝聞）

ライトレール	19-01
コアラ	19-02
カンガルー	19-03
ペンギン	19-04

Unit19-3
～そうです（様態）

出張します	18-08
スープを飲みます	19-09

Unit20-1
受身表現①

ほめられました	20-01
しかられました	20-04
かたづけるように	20-06
早く寝るように	20-07
コピーをします	20-09
通訳をします	20-10
お酒に誘われます	20-11

Unit20-2
～ように言われました

世話をしました	20-02
そうじをしました	20-03
しかられました	20-04
夜遅く帰ってきました	20-05
かたづけるように	20-06
早く寝るように	20-07
起きられません	20-08

Unit21-1
使役表現

食べさせました	21-01
飲ませました	21-02
食べさせませんでした	21-03
勉強させました	21-04
経済学を勉強します	21-07
仕事を手伝います	21-08

ピーマン	21-10
トマト	21-11
食べさせようと	21-12
牛乳を飲ませようと	21-13
食べさせてくれません	21-14

Unit21-2
～（さ）せてくれました

食べさせてくれません	21-14

Unit21-3
～（さ）せようとしました

ピーマン	21-10
トマト	21-11
食べさせようと	21-12
牛乳を飲ませようと	21-13

Unit21-4
～てほしい

経済学を勉強します	21-07

Unit22-1
使役受身表現

漢字を覚えます	22-01
読まされました	22-02
計算の練習	22-03
食べさせられました	22-06
読まされました	22-07

Unit22-2
～なりました

本を読むことも好きに	22-04
野菜ジュースも好きに	22-08
本を読みます	04-12

Unit23-1
受身表現②

ほえられました	23-01
あてられました	23-02
さされました	23-03
追いかけられました	23-05
踏まれました	23-06
盗まれました	23-07
待たされました	23-08
スーツケース	23-10

Unit23-2
～てしまう

転びました	23-04
エアコン	23-09
スーツケース	23-10

Unit23-3
～（する）と①（時）

ほえられました	23-01
エアコン	23-09

Unit24-1
受身表現③

昔から日本語	24-01
ひらがな	24-02
カタカナ	24-03
日本地図	01-06
紅葉につつまれます	24-08

Unit24-2
～（する）と②（条件）

春	09-06
夏	09-07
秋	09-08
冬	09-09
あたたかいです	09-10
あついです	09-11
すずしいです	09-12
さむいです	09-13, 12-07
梅雨	24-07
紅葉につつまれます	24-08

Sup.U-1
～（れ）ば

一生懸命勉強します	S-05
勉強し続けます	S-07

Sup.U-2
～ればいいか

心配しすぎます	S-03
何を勉強するか	S-06

品詞別リスト

動詞

あけます
- 本をあけます 00-07
- 窓をあけます 10-21
- ドアをあけます 10-23
- ブラインドをあけます 10-31

見ます
- 本を見ます 00-08
- テレビを見ます 03-56
- ドラマを見ます 04-11
- パソコンで見ます 04-20
- ニュースを見ます 04-33
- 歌舞伎を見ます 09-25
- 相撲を見ます 09-26
- アニメを見ます 09-30
- DVDを見ます 14-02

聞きます
- 先生の話を聞きます 00-09
- 音楽を聞きます 03-57, 14-01
- ジャズを聞きます 09-28

読みます
- 本を読みます（音読） 00-11
- 本を読みます（黙読） 04-12
- 図書館で本を読みます 04-21
- 新聞を読みます 04-32
- マンガを読みます 09-29

言います 00-10
来ます 01-02
紹介します 02-07, 02-13
説明します 02-17
登ります（山に） 03-05

食べます
- ごはんを食べます 03-53
- 友達と一緒に食べます 04-02
- お弁当を食べます 04-06
- 家族と一緒に食べます 04-10
- 彼女と一緒に食べます 05-04
- 読みながら食べます 13-02
- 見ながら食べます 13-04
- 食べに行きます 21-15

飲みます
- コーヒーを飲みます 03-54
- 日本酒を飲みます 09-27
- 聞きながら飲みます 14-06
- スープを飲みます 19-09

作ります
- サラダを作ります 03-55
- 料理を作ります 05-06

サッカーをします 03-58, 02-16, 08-10, 21-06
テニスをします 03-59
バドミントンをします 03-60
バスケットボールをします 03-61
バレーボールをします 03-62
野球をします 03-63
卓球をします 03-64
水泳をします 03-65
ジョギングをします 04-05
始まります 04-18

起きます
- 7時に起きます 04-17
- 7時半に起きます 04-24
- 8時に起きます 13-05

寝ます 04-25, 19-06

行きます
- 自転車で行きます 04-01
- 図書館に行きます 04-03
- 電車で行きます 04-04, 04-19
- 学校に行きます 04-26, 04-15
- カラオケに行きます 09-23
- 大使館に行きます 18-01
- 山に行きます S-02, S-09

帰ります 04-27, 20-05
始まります 04-28
終わります 04-29
勉強（を）します 04-30, 02-06, 02-12, 21-04, 21-07, 24-04, S-06, S-07

仕事をします 04-31, 15-03, 15-04

買います
- お弁当を買います 04-34
- シャンプーを買います 11-06

入ります（お風呂に） 04-35
チェックします（メールを） 04-36, 02-05, 02-10
実験をします 04-46
歩きます 04-53
注文します 05-05
払います（お金を） 05-07
会います 06-02
送ります（彼女をうちまで） 06-04
つかれます 06-39
おなかがすきます 06-40
入ります（店に） 06-42

出ます
- 店を出ます 06-43
- 会議に出ます 11-05

乗ります（バスに） 06-44
降ります（バスを） 06-45
あります（紅茶の店が） 07-03
山が見えます 07-06

できます
- いろいろなスポーツができます 08-14
- 英語ができます 08-15

見ています・聞いています 08-16
読んでいます 08-17
パソコンをしています・話をしています 08-18
飲んでいます 08-19
仕事をしています・勉強しています 08-20
食べています・洗っています 08-21
作っています・遊んでいます 08-22
座っています・立っています 08-23
待っています 08-24
花見をします 09-01
旅行をします 09-02
ドライブをします 09-03

134

着ます			パッキングを手伝います	18-02	くれます	17-03
着物を着ます		09-24	インターネットの接続を手伝います	18-05		17-05
シャツを着ます		10-05				17-06
見に行きます			仕事を手伝います	21-08	あげます	17-08
歌舞伎を見に行きます		09-25	教えます	10-36	運びます	18-03
相撲を見に行きます		09-26		02-09	見送ります	18-04
入れます(ゴミ袋に)		10-02		15-11	出張します	18-08
ぬぎます				15-12	出します(ゴミを)	19-08
シャツをぬぎます		10-06		18-07	ほめます	20-01
ズボンをぬぎます		10-08		18-09	世話をします	20-02
くつをぬぎます		10-10	持ってきます(かばんを)	10-37	しかります	20-04
はきます			採点をします	11-03	かたづけます	20-06
ズボンをはきます		10-07	受けます(相談を)	11-04	コピーをします	20-09
くつをはきます		10-09	買い物をします	11-06	通訳をします	20-10
かぶります(ぼうしを)		10-11		12-02	誘います	20-11
とります			そうじをします	02-37	覚えます	22-01
ぼうしをとります		10-12		11-07	練習をします	22-03
塩をとります		10-38		12-03	遊びます	22-05
持っていきます(雨具を)		10-13		20-03	ほえます	23-01
持って帰ります(ゴミを)		10-14	洗濯をします	11-08	あてます	23-02
書きます				19-07	さします	23-03
書きます		10-17	使います(加湿器を)	12-05	転びます	23-04
レポートを書きます		12-04	乾燥します	12-08	追いかけます	23-05
話します		10-18	ひきます(カゼを)	12-09	踏みます	23-06
		16-01	洗います(手を)	12-10	盗みます	23-07
		21-09	うがいをします	12-11	つつみます	24-08
調べます		10-19		13-03	声をかけられます	S-01
待ちます		10-20	吹きます		心配します	S-03
		23-08	強い風が吹きます	12-16	いろいろな経験をします	S-08
しめます			弱い風が吹きます	12-24		
窓をしめます		10-22	降ります			
ドアをしめます		10-24	強い雨が降ります	12-17		
雨戸をしめます		12-06	小雨が降ります	12-25		
つけます			みがきます	13-01		
電気をつけます		10-25	準備をします	13-06		
テレビをつけます		10-27	着きます	13-07		
エアコンをつけます		10-29	写真を撮ります	14-04		
けします				14-05		
電気をけします		10-26	習います(ピアノを)	14-07		
テレビをけします		10-28	バンドをします	14-08		
エアコンをけします		10-30	弾きます(ピアノを)	14-09		
おろします(ブラインドを)		10-32	思います	15-01		
				15-10		
出します(水を)		10-33	結婚します	15-08		
止めます(水を)		10-34	開発(develop)します	15-09		
手伝います		10-35	育児をします	15-13		
			進みます	15-14		
			料理をします	16-04		

資料3 イラスト索引 ■ 品詞別リスト

135

い形容詞	
おいしいですか	00-16
小さいです	05-38
大きいです	05-39
安いです	05-40
高いです	05-41
おいしいです	05-42
楽しいです	05-43
いいです	05-44
古いです	05-45
新しいです	05-46 09-05
近いです	05-47
遠いです	05-48
黒いです	05-49
白いです	05-50
あまいです	05-51
からいです	05-52
おもしろいです	06-46
おもしろくないです	06-47
おもしろくなかったです	06-48
やさしいです	08-01
きびしいです	08-02
頭がいいです	08-03
おもしろいです	08-04
きれいです	08-05
かわいいです	08-06
やさしくて明るいです	08-07
明るくて元気です	08-08
あたたかいです	09-10
あついです	09-11
すずしいです	09-12
さむいです	09-13 12-07
難しいです	12-01
強いです	12-16 12-22
弱いです	12-23 12-24
ひどいです(においが)	16-03

な形容詞	
いろいろです	
いろいろな国	05-33
いろいろなスポーツ	08-14
いろいろな料理	05-34
いろいろな経験	S-08
すてきです	05-35
親切です	05-36
明るくて元気です	08-08
まじめです	08-09
上手です	
サッカーが上手です	08-10
ピアノが上手です	05-37
料理が上手です	08-12
下手です	
サッカーが下手です	08-11
料理が下手です	08-13
好きです	22-04 22-08
上手になりません	24-05

名詞	
りさん	00-01 02-17
あきおさん	00-02
西山先生	00-03
あさこさん	00-04
中田君	00-05
講義	00-06 S-06
工学部	01-01 01-03
ロボット	01-03
万国旗	01-04 05-33
エッフェル塔	01-05
日本地図	01-06
雪まつり(札幌)	01-07
七夕まつり(仙台)	01-08
米(新潟)	01-09
スカイツリー（東京）	01-10
ディズニーランド(千葉)	01-11
ベイブリッジ(横浜)	01-12
富士山	01-13
自動車(名古屋)	01-14
五重塔(京都)	01-16 09-02
たこ焼き(大阪)	01-16
ハーバード(神戸)	01-17
桃太郎(岡山)	01-18
厳島神社(広島)	01-19
ラーメン(福岡)	01-20
シーサー（沖縄）	01-21
コンサルタント	02-01
先生	02-02
銀行員	02-03 02-08
大学院生	02-04
高校生	02-05 02-06 02-15
紹介	02-07 02-13
先生	02-09 02-14
会社員	02-10 02-11
大学生	02-12

中学生	02-16	牛肉	03-22	ジャズ	03-66 09-28 14-06
おじいさん	02-18 02-20	ぶた肉	03-23		
		とり肉	03-24		
おばあさん	02-19 02-21	みかん	03-25	クラシック	03-67
		りんご	03-26	ロック	03-68
おじ	02-22 02-24	バナナ	03-27	ラテン	03-69
		キウイ	03-28	ポップス	03-70
おば	02-23 02-25	パイナップル	03-29	1円	03-71
		マンゴー	03-30	5円	03-72
父	02-26 B-15	ナシ	03-31	10円	03-73
		モモ	03-32 B-31	50円	03-74
母	02-27 B-22			100円	03-75
		カキ	03-33	500円	03-76
兄	02-28	クッキー	03-34	1000円	03-77
姉	02-29	チョコレート	03-35	2000円	03-78
弟	02-30	シュークリーム	03-36	5000円	03-79
妹	02-31	アイスクリーム	03-37	1万円	03-80
医者	02-32	みそしる	03-38	札束	03-81
弁護士	02-33	スープ	03-39 19-09	スーパーマーケット	03-82
会計士	02-34			ハンバーガー	04-07
公務員	02-35	牛乳	03-40	カップラーメン	04-08
社長	02-36	オレンジジュース	03-41	パソコン	04-09 05-45 05-46 09-05
主婦	02-37	コーラ	03-42		
朝ご飯（洋食）	03-01	ソフトドリンク	03-43		
夕ご飯（朝ご飯・和食）	03-02	お酒	03-44 B-08		
紅茶	03-03			朝・昼・夜	04-13 B-37
コーヒー	03-04	水	03-45 10-33 10-34		
山登り	03-05 10-03 S-09			昼ご飯	04-14
				勉強	04-30
		ミネラルウォーター	03-46	仕事	04-31 15-03 15-04
パン	03-06	ビール	03-47		
サラダ	03-07	ワイン	03-48		
フルーツ	03-08	ウィスキー	03-49	お風呂	04-35
ヨーグルト	03-09	日本酒	03-50 09-27	メール	04-36
トースト	03-10			学校	04-37
ベーグル	03-11	しょうちゅう	03-51	会社	04-38
クロワッサン	03-12	チューハイ	03-52	駅	04-39
サンドイッチ	03-13	サッカー	02-16 03-58 08-10	銀行	04-40
ごはん	03-14			郵便局	04-41
魚	03-15 05-08			図書館	04-42
		テニス	03-59	食堂	04-43
たまご	03-16	バドミントン	03-60	研究室	04-44
のり	03-17	バスケットボール	03-61	会議	04-45 11-05
すし	03-18 B-11	バレーボール	03-62		
		野球	03-63	研究	04-46
さしみ	03-19	卓球	03-64	電車	04-47
焼き魚	03-20	水泳	03-65	地下鉄	04-48
肉	03-21 B-19				

資料3 イラスト索引 ■ 品詞別リスト

137

バス	04-49	シャツ	06-05	プリンター	09-05
	06-44	ポロシャツ	06-06	春	09-06
モノレール	04-50	Tシャツ	06-07	夏	09-07
自転車	04-51	ブラウス	06-08	秋	09-08
タクシー	04-52	ジーンズ	06-09	冬	09-09
うち	04-54	パンツ	06-10	サクラ	09-14
イタリアンの店	05-02	スカート	06-11	紅葉	09-15
お店の人	05-03	セーター	06-12		24-08
注文	05-05	カーディガン	06-13	雪	09-16
野菜	05-09	ジャンパー	06-14		B-33
前菜	05-10	ジャケット	06-15	夏休み	09-17
メイン	05-11	コート	06-16	冬休み	09-18
デザート	05-12	スーツ	06-17	春休み	09-19
肉料理	05-13	ワンピース	06-18	ゴールデンウィーク	09-20
魚料理	05-14	くつ	06-19	クリスマス	09-21
焼き肉	05-15	スニーカー	06-20		17-08
焼きそば	05-16	ブーツ	06-21	お正月	09-22
焼き鳥	05-17	ポーチ	06-22	カラオケ	09-23
お好み焼き	05-18	ピアス	06-23	着物	09-24
ナシゴレン	05-19	イヤリング	06-24	歌舞伎	09-25
野菜炒め	05-20	リング	06-25	相撲	09-26
エビのニンニク炒め	05-21	時計	06-26	マンガ	09-29
すき焼き	05-22	ブレスレット	06-27	アニメ	09-30
天ぷら	05-23	手ぶくろ	06-28	ヘッドライト	10-01
しゃぶしゃぶ	05-24	マフラー	06-29	ゴミ袋	10-02
ピザ	05-25	ボールペン	06-30	おかし	10-04
パスタ	05-26	シャーペン	06-31	ぼうし	10-11
	16-07	消しゴム	06-32	ゴミ	10-14
リゾット	05-27	食器	06-33	電話	10-15
グラタン	05-28	グラス	06-34	電子辞書	10-16
チーズケーキ	05-29	カップ	06-35	ドア	10-23
プリン	05-30	ナイフ	06-36		10-24
ティラミス	05-31	スプーン	06-37	電気	10-25
タピオカミルク	05-32	フォーク	06-38		10-26
料理	05-34	前・中・隣・横・奥	06-41	エアコン	10-29
店		クアラルンプール	07-02		10-30
イタリアンの店	05-02	ケーキ	07-04	ブラインド	10-31
大きい店	05-39	あれ	07-07		10-32
すてきな店	05-35	これ・それ	07-08	かばん	10-37
高い店	05-41	料理	08-12	携帯電話	11-01
小さい店	05-38		16-04	手続き	11-02
安い店	05-40	スポーツ	08-14	採点	11-03
ソース	05-49	花見	09-01	相談	11-04
	05-50	旅行	09-02	買い物	11-06
ショッピングモール	06-01	ドライブ	09-03		12-02
映画館	06-03	テント	09-04	そうじ	02-37
					11-07
					12-03
					20-03

洗濯	11-08	ゆき	B-33	接続	18-05	
	19-07	よこ	B-34	プリペイドカード	18-06	
授業	12-01	そら	B-35	駅の人	18-07	
レポート	12-04	くり	B-36	出張	18-08	
加湿器	12-05	よる	B-37	地図	18-09	
	12-12	れきし	B-38	ホテル	18-10	
雨戸	12-06	しろ	B-39	教会	18-11	
	12-21	わたし	B-40	観光スポット	18-12	
乾燥	12-08	ほん	B-41	ライトレール	19-01	
カゼ	12-09	歯	13-01	コアラ	19-02	
うがい	12-11	うがい	13-03	カンガルー	19-03	
台風	12-13	ニュース	13-04	ペンギン	19-04	
天気予報	12-14	準備	13-06	メロン	19-05	
台風情報	12-15	DVD	14-02	ゴミ	19-08	
風	12-16	写真	14-03	世話	20-02	
	12-24		14-04	コピー	20-09	
雨	12-17		14-05	通訳	20-10	
	12-25	ピアノ	14-07	家庭教師	21-05	
かさ	12-18		14-09	サッカー部	21-06	
雨具	12-19	バンド	14-08	経済学	21-07	
窓	12-20	マレーシア	15-05	ピーマン	21-10	
あい	B-01	日本	15-06	トマト	21-11	
いえ	B-02	中国	15-07	漢字	22-01	
うえ	B-03	結婚	15-08	音読	22-02	
え	B-04	開発(develop)	15-09	計算	22-03	
かお	B-05	大学の先生	15-11	野菜ジュース	22-08	
き	B-06		15-12	犬	23-01	
くち	B-07	育児	15-13		B-20	
ここ	B-09	大学院	15-14	カ	23-03	
した	B-10	におい	16-03	階段	23-04	
すし	B-11	カレーライス	16-05	ハチ	23-05	
せかい	B-12	インドのカレー	16-06	飛行機	23-06	
そと	B-13	バッグ	17-01	バスツアー	23-08	
たこ	B-14	おこづかい	17-02	エアコン	23-09	
つくえ	B-16	時計	17-03	スーツケース	23-10	
て	B-17	スカーフ	17-03	日本語	24-01	
なか	B-18	ハンカチ	17-04	ひらがな	24-02	
ねこ	B-21	ベルト	17-05	カタカナ	24-03	
ひ	B-23	ネクタイ	17-05	英語	24-04	
ふく	B-24	サイフ	17-06		24-05	
へや	B-25	絵本	17-07	漁業	24-06	
ほし	B-26	人形	17-09	梅雨	24-07	
まえ	B-27	大使館	18-01	心配	S-03	
みみ	B-28	パッキング	18-02	経験	S-08	
むし	B-29	チェックイン・カウンター	18-03			
め	B-30	空港	18-04			
やま	B-32					

資料3 イラスト索引 ■ 品詞別リスト

139

カテゴリー別リスト

呼称

おじいさん	02-18
	02-20
おばあさん	02-19
	02-21
おじさん	02-22
	02-24
おばさん	02-23
	02-25
父	02-26
	B-15
母	02-27
	B-22
兄	02-28
姉	02-29
弟	02-30
妹	02-31
わたし	B-40

職業

コンサルタント	02-01
先生	02-02
	02-09
	02-14
銀行員	02-03
	02-08
大学院生	02-04
高校生	02-05
	02-06
	02-15
会社員	02-10
	02-11
大学生	02-12
高校生	02-15
中学生	02-16
医者	02-32
弁護士	02-33
会計士	02-34
公務員	02-35
社長	02-36
主婦	02-37
駅の人	18-07
家庭教師	21-05

性格・能力

やさしいです	08-01
きびしいです	08-02
頭がいいです	08-03
おもしろいです	08-04
きれいです	08-05
かわいいです	08-06
やさしくて明るいです	08-07
明るくて元気です	08-08
まじめです	08-09
サッカーが上手です	08-10
サッカーが下手です	08-11
料理が上手です	08-12
料理が下手です	08-13
いろいろなスポーツができます	08-14
英語ができます	08-15

家事

料理をします	08-12
	16-04
買い物をします	11-06
	12-02
そうじをします	02-37
	11-07
	12-03
	20-03
洗濯をします	11-08
	19-07
ゴミを出してあげます	19-08
育児をします	15-13
世話をします	20-02

食べ物・料理

たこ焼き	01-16
ラーメン	01-20
朝ご飯	03-01
夕ご飯	03-02
パン	03-06
サラダ	03-07
フルーツ	03-08
ヨーグルト	03-09
トースト	03-10
ベーグル	03-11
クロワッサン	03-12
サンドイッチ	03-13
ごはん	03-14
魚	03-15
	05-08
たまご	03-16
のり	03-17
すし	03-18
	B-11
さしみ	03-19
焼き魚	03-20
肉	03-21
牛肉	03-22
ぶた肉	03-23
とり肉	03-24
みかん	03-25
りんご	03-26
バナナ	03-27
キウイ	03-28
パイナップル	03-29
マンゴー	03-30
ナシ	03-31
モモ	03-32
	B-31
カキ	03-33
クッキー	03-34
チョコレート	03-35
シュークリーム	03-36
アイスクリーム	03-37
ハンバーガー	04-07
カップラーメン	04-08
昼ご飯	04-14
野菜	05-09
前菜	05-10
メイン	05-11
デザート	05-12
肉料理	05-13
魚料理	05-14
焼き肉	05-15
焼きそば	05-16
焼き鳥	05-17
お好み焼き	05-18
ナシゴレン	05-19
野菜炒め	05-20
エビのニンニク炒め	05-21
すき焼き	05-22
天ぷら	05-23
しゃぶしゃぶ	05-24
ピザ	05-25
パスタ	05-26

リゾット	05-27		スカート	06-11		パソコンとプリンター	09-05
グラタン	05-28		セーター	06-12		電話	10-15
チーズケーキ	05-29		カーディガン	06-13		電子辞書	10-16
プリン	05-30		ジャンパー	06-14		携帯電話	11-01
ティラミス	05-31		ジャケット	06-15		加湿器	12-12
タピオカミルク	05-32		コート	06-16		コピー	20-09
ケーキ	07-04		スーツ	06-17			
おかし	10-04		ワンピース	06-18		**お金**	
にく	B-19		くつ	06-19		1円	03-71
くり	B-36		スニーカー	06-20		5円	03-72
カレーライス	16-05		ブーツ	06-21		10円	03-73
インドのカレー	16-06		ピアス	06-23		50円	03-74
パスタ	16-07		イヤリング	06-24		100円	03-75
メロン	19-05		リング	06-25		500円	03-76
ピーマン	21-10		時計	06-26		1000円	03-77
トマト	21-11		ブレスレット	06-27		2000円	03-78
						5000円	03-79
飲み物			**日用雑貨**			1万円	03-80
紅茶	03-03		手ぶくろ	06-28		札束	03-81
コーヒー	03-04		マフラー	06-29			
みそしる	03-38		ハンカチ	17-04		**位置**	
スープ	03-39		かさ	12-18		日本地図	01-06
牛乳	03-40		雨具	12-19		世界地図	B-42
オレンジジュース	03-41		ポーチ	06-22		前・中・隣・横・奥	06-41
コーラ	03-42		バッグ	17-01		あれ	07-07
ソフトドリンク	03-43		スーツケース	23-10		これ・それ	07-08
お酒	03-44		プリペイドカード	18-06		うえ	B-03
	B-08					ここ	B-09
水	03-45		**文具**			した	B-10
ミネラルウォーター	03-46		ボールペン	06-30		そと	B-13
ビール	03-47		シャーペン	06-31		なか	B-18
ワイン	03-48		消しゴム	06-32		まえ	B-27
ウィスキー	03-49					よこ	B-34
日本酒	03-50		**食器**				
しょうちゅう	03-51		食器	06-33		**場所**	
チューハイ	03-52		グラス	06-34		エッフェル塔	01-05
野菜ジュース	22-08		カップ	06-35		スカイツリー	01-10
			ナイフ	06-36		ディズニーランド	01-11
衣類・装飾品			スプーン	06-37		ベイブリッジ	01-12
シャツ	06-05		フォーク	06-38		富士山	01-13
ポロシャツ	06-06					五重塔	01-15
Tシャツ	06-07		**電化製品**			ハーバード	01-17
ブラウス	06-08		パソコン	04-09		厳島神社	01-19
ジーンズ	06-09			05-45			
パンツ	06-10			05-46			

資料3 イラスト索引 ■ カテゴリー別リスト

141

山	03-05	テニス	03-59	歌舞伎を見に行きます	09-25
	B-32	バドミントン	03-60	相撲を見に行きます	09-26
	14-05	バスケットボール	03-61	日本酒を飲みます	09-27
	S-09	バレーボール	03-62	ジャズを聞きます	09-28
スーパーマーケット	03-82	野球	03-63	マンガを読みます	09-29
学校	04-37	卓球	03-64	アニメを見ます	09-30
会社	04-38	水泳	03-65		
駅	04-39	いろいろなスポーツができます	08-14	**動物**	
銀行	04-40			コアラ	19-02
郵便局	04-41	**音楽**		カンガルー	19-03
図書館	04-42	ジャズ	03-66	ペンギン	19-04
食堂	04-43	クラシック	03-67	犬	23-01
研究室	04-44	ロック	03-68		B-20
うち	04-54	ラテン	03-69	ねこ	B-21
イタリアンの店	05-02	ポップス	03-70	むし	B-29
ショッピングモール	06-01	ピアノ	14-07	カ	23-03
映画館	06-03		14-09	ハチ	23-05
海	09-07	バンド	14-08	魚	03-15
いえ	B-02				05-08
そと	B-13	**季節**		たこ	B-14
へや	B-25	春	09-06		
大使館	18-01	梅雨	24-07		
空港	18-04	夏	09-07		
ホテル	18-10	秋	09-08		
教会	18-11	冬	09-09		
観光スポット	18-12				
世界地図	B-42	**祝日・レジャー**			
		山登り	03-05		
乗り物・乗り場			S-09		
自動車	01-14	花見	09-01		
電車	04-47	旅行	09-02		
地下鉄	04-48	ドライブ	09-03		
バス	04-49	夏休み	09-17		
モノレール	04-50	冬休み	09-18		
自転車	04-51	春休み	09-19		
タクシー	04-52	ゴールデンウィーク	09-20		
ライトレール	19-01	クリスマス	09-21		
券売機	18-07		17-08		
空港	18-04	お正月	09-22		
チェックイン・カウンター	18-03	バスツアー	23-08		
		日本文化			
スポーツ		花見	09-01		
サッカーをします	03-58	カラオケに行きます	09-23		
	08-10	着物を着ます	09-24		
	02-16				
	21-06				

五十音順リスト

あ

あい	B-01
アイスクリーム	03-37
会います	06-02
明るくて元気です	08-08
秋	09-08
あきおさん	00-02
あきおさんの兄	02-10
あきおさんの姉	02-11
あきおさんの妹	02-12
あきおさんの父	02-08
あきおさんの母	02-09
開けてください	00-07
あげます	17-08
あけます	
ドアをあけてください	10-23
ドアをあけます	10-23
ブラインドをあけます	10-31
本をあけます	00-07
窓をあけます	10-21
朝	04-13
朝・昼・夜	04-13
あさこさん	00-04
朝ご飯（洋食）	03-01
遊びます	22-05
あたたかいです	09-10
頭がいいです	08-03
新しいです	05-46
	09-05
あついです	09-11
あてます	23-02
兄	02-28
アニメ	09-30
姉	02-29
あまいです	05-51
雨具	12-19
雨戸	12-06
	12-21
雨	12-17
	12-25
洗います	12-10
ありがとうございます	00-13
あります（紅茶の店が）	07-03
歩きます	04-53
あれ	07-07

い

いいです	05-44
言います	00-10
いえ	B-02
行きます	
学校に行きます	04-26
	04-15
カラオケに行きます	09-23
自転車で行きます	04-01
大使館に行きます	18-01
電車で行きます	04-04
	04-19
電車で行きます	04-04
図書館に行きます	04-03
山に行きます	S-02
	S-09
買い物に行きます	12-02
育児をします	15-13
医者	02-32
いただきます	00-15
イタリアンの店	05-02
厳島神社	01-19
言ってください	00-10
行ってくれました	18-01
犬	23-01
	B-20
妹	02-31
イヤリング	06-24
入れます（ゴミ袋に）	10-02
いろいろです	
いろいろな国	05-33
いろいろな経験	S-08
いろいろなスポーツ	08-14
いろいろな料理	05-34
インターネット	18-05

う

ウィスキー	03-49
うえ	B-03
うがいをします	12-11
	13-03
受けます（相談を）	11-04
うち	04-54
うまく書けません	16-02

え

え	B-04
エアコン	10-29
	10-30
	23-09
映画館	06-03
英語	24-04
	24-05
英語の勉強	24-04
駅	04-39
駅の人	18-07
エッフェル塔	01-05
エビのニンニク炒め	05-21
絵本	17-07
〜円	03-71
	03-72
	03-73
	03-74
	03-75
	03-76
	03-77
	03-78
	03-79
	03-80

お

追いかけます	23-05
おいしいです	05-42
おいしいですか	00-16
大きいです	05-39
大阪	01-16
おかし	10-04
岡山	01-18
沖縄	01-21
起きます	
7時に起きます	04-17
7時半に起きます	04-24
8時に起きます	13-05
起きられません	20-08
奥	06-41
送ります（彼女を）	06-04
おこづかい	17-02
お好み焼き	05-18
お酒	03-44
	B-08
お酒に誘われます	20-11
おじ（父方）	02-22
おじ（母方）	02-24

資料3　イラスト索引　■　五十音順リスト

143

おじいさん	02-18
	02-20
教えます	02-09
	10-36
	15-11
	15-12
	18-07
	18-09
お正月	09-22
弟	02-30
おなかがすきます	06-40
おば（父方）	02-23
おば（母方）	02-25
おばあさん	02-19
	02-21
おはようございます	00-12
お風呂に入ります	04-16
	04-35
お弁当	04-06
覚えます	22-01
お店の人	05-03
思います・あきおさん	15-10
思います・りさん	15-01
おもしろいです	06-46
	08-04
おもしろくないです	06-47
おもしろくなかったです	06-48
降ります（バスを）	06-45
オレンジジュース	03-41
おろします（ブラインドを）	10-32
終わります	04-29
音読	22-02

か

カ	23-03
〜か〜	04-23
カーディガン	06-13
会議	04-45
	11-05
会計士	02-34
会社	04-38
会社員	02-10
	02-11
階段	23-04
書いてください	10-17
開発(develop)します	15-09

買います	
お弁当を買います	04-34
シャンプーを買います	11-06
買い物	11-06
	12-02
帰ります	04-27
	20-05
かお	B-05
カキ	03-33
書きます	10-17
レポートを書きます	12-04
かさ	12-18
加湿器	12-05
	12-12
カゼ	12-09
風	12-16
	12-24
カタカナ	24-03
かたづけます	20-06
学校	04-37
カップ	06-35
カップラーメン	04-08
家庭教師	21-05
かばん	10-37
歌舞伎	09-25
かぶります	10-11
〜から〜まで	04-22
からいです	05-52
カラオケ	09-23
カレー（インドのカレー）	16-06
カレーライス	16-05
かわいいです	08-06
カンガルー	19-03
観光スポット	18-12
漢字	22-01
乾燥	12-08

き

き	B-06
聞いてください	00-09
キウイ	03-28
聞きながら飲みます	14-06
聞きます	
音楽を聞きます	03-57
	14-01
ジャズを聞きます	09-28
先生の話を聞きます	00-09

きびしいです	08-02
来ます	01-02
着ます	
着物を着ます	09-24
シャツを着ます	10-05
着物	09-24
牛肉	03-22
牛乳	03-40
教会	18-11
京都	01-16
	09-02
漁業	24-06
きれいです	08-05
銀行	04-40
銀行員	02-03
	02-08

く

クアラルンプール	07-02
空港	18-04
くち	B-07
くつ	06-19
クッキー	03-34
クラシック	03-67
グラス	06-34
グラタン	05-28
くり	B-36
クリスマス	09-21
	17-08
くれます	17-03
	17-05
	17-06
黒いです	05-49
クロワッサン	03-12

け

経験	S-08
経済学	21-07
計算	22-03
携帯電話	11-01
ケーキ	07-04
消しゴム	06-32
けします	
エアコンをけします	10-30
テレビをけします	10-28
電気をけします	10-26

結婚します	15-08	さしみ	03-19	準備をします	13-06	
研究	04-46	誘います	20-11	紹介します	02-07	
研究室	04-44	サッカー部	21-06		02-13	
		サッカーをします	02-16	紹介するあきおさん	02-13	
こ			03-58	紹介するりさん	02-07	
コアラ	19-02		08-10	上手です		
工学部	01-01		21-06	サッカーが上手です	08-10	
	01-03	札束	03-81	ピアノが上手です	05-37	
講義	00-06	札幌	01-07	料理が上手です	08-12	
	S-06	寒いです	12-07	上手な人	05-37	
高校生	02-05	サラダ	03-07	上手になりません	24-05	
	02-06	サンドイッチ	03-13	しょうちゅう	03-51	
	02-15			ジョギングをします	04-05	
紅茶	03-03	**し**		食堂	04-43	
神戸	01-17	シーサー	01-21	食器	06-33	
公務員	02-35	ジーンズ	06-09	ショッピングモール	06-01	
紅葉	09-15	しかります	20-04	調べます	10-19	
	24-08	仕事をしています・勉強しています	08-20	しろ	B-39	
声をかけられます	S-01			白いです	05-50	
コート	06-16	仕事をします	04-31	親切です	05-36	
コーヒー	03-04		15-03	親切なお店の人	05-03	
コーヒー、飲みますか	07-01		15-04	心配します	S-03	
コーラ	03-42	辞書	10-19			
ゴールデンウィーク	09-20	した	B-10	**す**		
ここ	B-09	実験をします	04-46	水泳をします	03-65	
小雨	12-25	自転車	04-51	スーツ	06-17	
五重塔	01-15	自動車	01-14	スーツケース	23-10	
ごちそうさま	00-17	しめます		スーパーマーケット	03-82	
ごはん	03-14	雨戸をしめます	12-06	スープ	03-39	
コピー	20-09	ドアをしめます	10-24		19-09	
ゴミ	10-14	窓をしめます	10-22	スカート	06-11	
	19-08	シャーペン	06-31	スカーフ	17-03	
ゴミ袋	10-02	ジャケット	06-15	スカイツリー	01-10	
米	01-09	写真	14-03	好きです	22-04	
これ	07-08	写真を撮ります	14-04		22-08	
これ・それ	07-08		14-05	すき焼き	05-22	
転びます	23-04	ジャズ	03-66	すし	03-18	
コンサルタント	02-01		09-28		B-11	
			14-06	すずしいです	09-12	
さ		社長	02-36	進みます（大学院に）	15-14	
採点をします	11-03	シャツ	06-05	すてきです	05-35	
サイフ	17-06	しゃぶしゃぶ	05-24	スニーカー	06-20	
魚	03-15	ジャンパー	06-14	スプーン	06-37	
	05-08	シュークリーム	03-36	スポーツ	08-14	
魚料理	05-14	授業	12-01	すみません	00-14	
サクラ	09-14	出張します	18-08	相撲	09-26	
さします	23-03	主婦	02-37			

座っています・立っています	08-23

せ

セーター	06-12
せかい	B-12
世界地図	B-42
接続	18-05
説明します	02-17
世話をします	20-02
前菜	05-10
先生	02-02
	02-09
	02-14
先生・あきおさん	15-11
先生・りさん	15-12
仙台	01-08
洗濯をします	11-08
	19-07

そ

そうじをします	02-37
	11-07
	12-03
	20-03
相談	11-04
ソース	05-49
	05-50
そと	B-13
祖父（父方）	02-18
祖父（母方）	02-20
ソフトドリンク	03-43
祖母（父方）	02-19
祖母（母方）	02-21
そら	B-35
それ	07-08

た

大学院	15-14
大学院生	02-04
大学生	02-12
大学の先生	15-11
	15-12
大使館	18-01
台風	12-13
台風情報	12-15
高いです	05-41

たくさん	12-17
タクシー	04-52
たこ	B-14
たこ焼き	01-16
出します	
ゴミを出します	19-08
水を出します	10-33
卓球をします	03-64
七夕まつり	01-08
楽しいです	05-43
タピオカミルク	05-32
食べさせてくれません	21-14
食べさせました	21-01
食べさせませんでした	21-03
食べさせようとしました	21-12
食べさせられました	22-06
食べています・洗っています	08-21
食べに行きました	21-15
食べます	
お弁当を食べます	04-06
家族と一緒に食べます	04-10
彼女と一緒に食べます	05-04
ごはんを食べます	03-53
食べに行きます	21-15
友達と一緒に食べます	04-02
見ながら食べます	13-04
読みながら食べます	13-02
たまご	03-16

ち

小さいです	05-38
チーズケーキ	05-29
チェックイン・カウンター	18-03
チェックします（メールを）	04-36
	02-05
	02-10
近いです	05-47
地下鉄	04-48
地図	06-41
	18-09
父	02-26
	B-15
千葉	01-11
中学生	02-16

中国	15-07
チューハイ	03-52
注文します	05-05
チョコレート	03-35

つ

通訳をします	20-10
使います（加湿器を）	12-05
つかれます	06-39
着きます	13-07
つくえ	B-16
作っています・遊んでいます	08-22
作ります	
サラダを作ります	03-55
料理を作ります	05-06
つけます	
エアコンをつけます	10-29
テレビをつけます	10-27
電気をつけます	10-25
つつまれます（紅葉に）	24-08
梅雨	24-07
強いです	12-22

て

て	B-17
DVD	14-02
Tシャツ	06-07
ディズニーランド	01-11
ティラミス	05-31
できます	
いろいろなスポーツができます	08-14
英語ができます	08-15
デザート	05-12
手伝います	
インターネットの接続を手伝います	18-05
仕事を手伝います	21-08
パッキングを手伝います	18-02
手伝ってください	10-35
手伝ってくれました	18-02
手続き	11-02
テニスをします	03-59
手ぶくろ	06-28

出ます		
会議に出ます		11-05
店を出ます		06-43
テレビをけしてください		10-28
テレビをつけてください		10-27
電気		10-25
		10-26
天気予報		12-14
電気をけしてください		10-26
電気をつけてください		10-25
電子辞書		10-16
電車		04-47
テント		09-04
天ぷら		05-23
電話		10-15

と
ドア	10-23
	10-24
東京	01-10
遠いです	05-48
トースト	03-10
時計	06-26
	17-03
図書館	04-42
図書館に行きます	04-03
図書館の前で会いましょうか	07-05
とってください（塩を）	10-38
隣	06-41
トマト	21-11
水を止めます	10-34
友達と一緒に食べます	04-02
ドライブをします	09-03
とり肉	03-24
撮ります	14-05
とります	
塩をとります	10-38
ぼうしをとります	10-12

な
ナイフ	06-36
中	06-41
	B-18
中田君	00-05
名古屋	01-14

ナシ	03-31
ナシゴレン	05-19
夏	09-07
夏休み	09-17
何を勉強するか	S-06
習います	14-07

に
新潟	01-09
におい	16-03
肉	03-21
	B-19
肉料理	05-13
西山先生	00-03
西山先生・講義	00-06
西山先生の上の子	02-15
西山先生の奥さん	02-14
西山先生の下の子	02-16
日本	15-06
日本語	24-01
日本酒	03-50
	09-27
日本地図	01-06
ニュース	13-04
人形	17-09

ぬ
ぬぎます	
くつをぬぎます	10-10
シャツをぬぎます	10-06
ズボンをぬぎます	10-08
盗みます	23-07

ね
ネクタイ	17-05
ねこ	B-21
寝ています	19-06
寝ます	04-25
	19-06

の
登ります（山に）	03-05
飲ませました	21-02
飲ませようとします	21-13
飲みます	
聞きながら飲みます	14-06

コーヒーを飲みます	03-54
スープを飲みます	19-09
日本酒を飲みます	09-27
のり	03-17
乗ります（バスに）	06-44
飲んでいます	08-19

は
歯	13-01
ハーバード	01-17
パイナップル	03-29
入ります	
お風呂に入ります	04-35
店に入ります	06-42
はきます	
くつをはきます	10-09
ズボンをはきます	10-07
運びます	18-03
始まります	04-18
	04-28
バス	04-49
	06-44
バスケットボールをします	03-61
パスタ	05-26
	16-07
バスツアー	23-08
パソコン	04-09
	05-45
	05-46
	09-05
パソコンとプリンター	09-05
パソコンをしています・話をしています	08-18
ハチ	23-05
パッキング	18-02
バッグ	17-01
バドミントンをします	03-60
話しています・父と兄	21-09
話します	10-18
	16-01
	21-09
話せます	16-01
バナナ	03-27
花見をします	09-01
母	02-27
	B-22

早く寝るように言われました	20-07	ブラインド	10-31	**ま**		
			10-32	前	06-41	
払います	05-07	ブラウス	06-08		B-27	
春	09-06	プリペイドカード	18-06	まじめです	08-09	
春休み	09-19	降ります		待ちます	10-20	
バレーボールをします	03-62	小雨が降ります	12-25		23-08	
パン	03-06	強い雨が降ります	12-17	待っています	08-24	
ハンカチ	17-04	プリン	05-30	待ってください	10-20	
万国旗	01-04	プリンター	09-05	窓	12-20	
	05-33	古いです	05-45	窓をあけてください	10-21	
パンツ	06-10	フルーツ	03-08	窓をしめてください	10-22	
バンドをします	14-08	ブレスレット	06-27	マフラー	06-29	
ハンバーガー	04-07			マレーシア	15-05	
		へ		マレーシアから来ました	01-02	
ひ		ベイブリッジ	01-12	マレーシア料理を楽しみました	05-01	
ひ	B-23	ベーグル	03-11	マンガを読みます	09-29	
ピアス	06-23	下手です		マンゴー	03-30	
ピアノ	14-07	サッカーが下手です	08-11			
	14-09	料理が下手です	08-13	**み**		
ピーマン	21-10	料理が下手です	08-13	見えます	07-06	
ビール	03-47	ヘッドライト	10-01	見送ります	18-04	
弾きます	14-09	へや	B-25	みがきます	13-01	
ひきます(カゼを)	12-09	ベルト	17-05	みかん	03-25	
飛行機	23-06	勉強(を)します	04-30	水	03-45	
ピザ	05-25		02-06		10-33	
ひどいです(においが)	16-03		02-12		10-34	
ひらがな	24-02		21-04	店		
昼	04-13		21-07	イタリアンの店	05-02	
昼ご飯	04-14		24-04	大きい店	05-39	
広島	01-19		S-06	すてきな店	05-35	
			S-07	高い店	05-41	
ふ		勉強し続けます	S-07	小さい店	05-38	
風景	14-05	ペンギン	19-04	安い店	05-40	
ブーツ	06-21	弁護士	02-33	みそしる	03-38	
フォーク	06-38			見ています・聞いています	08-16	
吹き出し	15-02	**ほ**		見てください	00-08	
吹きます		ぼうし	10-11	見ながら食べます	13-04	
強い風が吹きます	12-16	ほえます	23-01	見に行きます		
弱い風が吹きます	12-24	ポーチ	06-22	歌舞伎を見に行きます	09-25	
ふく	B-24	ボールペン	06-30	相撲を見に行きます	09-26	
福岡	01-20	ほし	B-26	ミネラルウォーター	03-46	
富士山	01-13	ポップス	03-70	見ます		
ぶた肉	03-23	ホテル	18-10	DVDを見ます	14-02	
踏みます	23-06	ほめます	20-01	アニメを見ます	09-30	
冬	09-09	ポロシャツ	06-06	歌舞伎を見ます	09-25	
冬休み	09-18	ほん	B-41			
		本屋	06-02			

相撲を見ます	09-26	
テレビを見ます	03-56	
ドラマを見ます	04-11	
ニュースを見ます	04-33	
パソコンで見ます	04-20	
本を見ます	00-08	
みみ	B-28	

む

昔	24-01
むし	B-29
難しいです	12-01

め

め	B-30
メイン	05-11
メールをチェックします	04-36
メロン	19-05

も

持っていきます(雨具を)	10-13
持って帰ります(ゴミを)	10-14
持ってきます	10-37
モノレール	04-50
モモ	03-32, B-31
桃太郎	01-18

や

焼き魚	03-20
焼きそば	05-16
焼き鳥	05-17
焼き肉	05-15
野球をします	03-63
野菜	05-09
野菜炒め	05-20
野菜ジュース	22-08
やさしいです	08-01
やさしくて明るいです	08-07
やさしそうでした	S-04
安いです	05-40
やま	B-32
山登り	03-05, 10-03, S-09

ゆ

夕ご飯(朝ご飯・和食)	03-02
郵便局	04-41
雪	09-16, B-33
雪まつり	01-07

よ

ヨーグルト	03-09
横	06-41, B-34
横浜	01-12
読まされました	22-02, 22-07
読みながら食べます	13-02
読みます	04-12
新聞を読みます	04-32
図書館で本を読みます	04-21
本を読みます(音読)	00-11
本を読みます(黙読)	04-12
マンガを読みます	09-29
夜	04-13, B-37
夜遅く帰ってきました	20-05
弱い風	12-24
弱いです	12-23
読んでいます	08-17
読んでください	00-11

ら

ラーメン	01-20
ライトレール	19-01
ラテン	03-69

り

リさん	00-01, 02-17
リさんの兄	02-03
リさんの姉	02-04
リさんの妹	02-05
リさんの弟	02-06
リさんの父	02-01
リさんの母	02-02
リゾット	05-27
料理	05-34, 08-12, 16-04
料理をします	16-04
旅行をします	09-02
リング	06-25
りんご	03-26

れ

れきし	B-38
レポートを書きます	12-04
練習をします	22-03

ろ

ロック	03-68
ロボット	01-03

わ

ワイン	03-48
わたし	B-40
ワンピース	06-18

資料 4 「好きな言葉」記入例と用紙

● 「好きな言葉」の学習者記入例

好きな言葉

なまえ： マルセロ

> ユニット番号と
> タイトルを書きます。

クラスメイトのエッセイを読んでください。そして、それぞれのエッセイから、好きな日本語を、1・2文、えらんでください。そして、書いてください。

ユニット　8　　　『　わたしの家族　』

母はとてもきびしいです。花が大好きです。(ジョンさん)

> クラスメイトの名前を
> 書きます。

姉の名前はジェシカです。受付の仕事をしています。犬とネコと日本が大好きです。とてもおもしろいです。でも、頭がよくないです。(チンさん)

わたしは、ふたごです。姉は、ケイトです。ケイトは、20さいです。わたしも、20さいです。(ホンさん)

父は、48さいです。写真家です。うちで仕事をしています。父は、山とすしが好きです。(ノーマンさん)

兄は22さいです。まじめです。あまり話しません。黒いふくが好きです。(ジミーさん)

兄は、クラシック音楽を勉強しています。独身です。(ホワイトさん)

妹は、11さいです。小学生です。頭がいいです。(キムさん)

父は、医者です。きびしくて、やさしいです。とても頭がいいです。ゴルフが好きです。(チャンさん)

母は、ベトナムから来ました。ベトナム語と、中国語と、英語ができます。(ファンさん)

母は、花が好きです。庭で、いろいろな花や木をそだてています。(デビさん)

好きな言葉

なまえ：＿＿＿＿＿＿＿＿＿＿＿＿＿＿＿＿

クラスメイトのエッセイを読んでください。そして、それぞれのエッセイから、好きな日本語を、1・2文、えらんでください。そして、書いてください。

| **ユニット** | 『　　　　　　　　　　　　　　　　　　　　　　　』 |

著者紹介

西口 光一（にしぐち こういち）

[現 職] 広島大学森戸国際高等教育学院 特任教授、大阪大学名誉教授

[専 門] 日本語教育学、言語心理学、言語哲学

[経 歴] 博士（言語文化学）。国際基督教大学大学院教育学研究科博士前期課程修了（教育学修士）。アメリカ・カナダ大学連合日本研究センター講師、ハーバード大学東アジア言語文化部上級日本語課程主任を経て現職。

[著 書] 『NEJ: A New Approach to Elementary Japanese ―テーマで学ぶ中級日本語』、『NIJ: A New Approach to Intermediate Japanese ―テーマで学ぶ中級日本語』（くろしお出版）、『基礎日本語文法教本』（アルク）、『Kanji in Context』（ジャパンタイムズ）、『みんなの日本語初級 漢字』（監修・スリーエーネットワーク）、『例文で学ぶ漢字と言葉』（スリーエーネットワーク）、『Perfect Master Kanji N2』（凡人社）、『日本語おしゃべりのたね』（監修・スリーエーネットワーク）などを執筆・監修している。日本語教育学関係の著書としては、『対話原理と第二言語の習得と教育 ―第二言語教育におけるバフチン的アプローチ』、『第二言語教育におけるバフチン的視点 ―第二言語教育学の基礎として』（くろしお出版）、『日本語教授法を理解する本 歴史と理論編』（バベルプレス）、『第二言語教育のためのことば学 ―人文・社会科学から読み解く対話論的な言語観』（福村出版）、『思考と言語の実践活動へ ―日本語教育における表現活動の意義と可能性』（編著・ココ出版）、『メルロ＝ポンティの言語論のエッセンス ― 身体性の哲学、オートポイエーシス、対話原理』（福村出版）、などがある。

NEJ：A New Approach to Elementary Japanese
― テーマで学ぶ基礎日本語 ―

指導参考書

■ 音声収録　VOICE-PRO
■ 本文イラスト　須山奈津希
■ 装丁デザイン　スズキアキヒロ

2012年10月30日　第1刷 発行
2023年 8月 1日　第3刷 発行

[著者]　西口光一

[発行]　くろしお出版
〒102-0084　東京都千代田区二番町4-3
Tel : 03・6261・2867　Fax : 03・6261・2879
URL : http://www.9640.jp　Mail : kurosio@9640.jp

[印刷]　シナノ書籍印刷

© 2012 Koichi Nishiguchi, Printed in Japan
ISBN 978-4-87424-563-7 C0081

乱丁・落丁はお取り替えいたします。本書の無断転載・複製を禁じます。